The Agricultural
Propagation of Powerful Countries
from a Journalist's View

一个记者眼中的

大国农业传播

李振中 / 著

人民出版社

# 序　一

## 让媒体成为"三农"发展助推器

李振中同志现为中国食品报社总编辑。来轻工工作后，他不忘初心，潜心研究，完成了《一个记者眼中的大国农业传播》，邀请我为本书作序，我欣然同意。

党和国家高度重视"三农"发展。在全面建成小康社会的决胜阶段中，中央明确提出，没有农村的小康，就不会有全国的小康；没有农村的现代化，就不会有全国的现代化。把发展"三农"的重要性提到了前所未有的高度。

"三农"发展是我国国民经济的基础，涉及广大人民群众切身利益，关系国家经济社会发展。农民是建设社会主义新农村的主力军，是"三农"经济活动的主体，培养和提升农民的科学文化素养至关重要。

2004 年到 2018 年，中央连续出台了 15 个中央一号文件，围绕"三农"问题出台了一系列强农惠农政策。对于党和国家的强农惠农政策，对于"三农"发展中的新成果、新技术、新信息、新资讯，如何在第一时间传播到千家万户，传播到田间地头，让更多农民及时知晓和分享，是广大新闻媒体辛勤和努力的方向。农业电视传播发挥了重要作用。

我国幅员辽阔，自然地理差异很大，边远农村信息闭塞、文化缺乏、观念落后、能力欠缺的现实比较普遍。近年来，不少地区充分利用广播、电视、报纸、杂志等传统媒体，及时传播党的强农惠农政策；利用远程教育、网络、专线等新兴媒体，对农民进行科普知识、科学技术、先进理念和市场信息的培训，极大地增强了农民的科技文化素养和发展能力。新闻媒体传播的正能量激荡在山沟遍野、湖海田边，成为"三农"发展的强大精神源泉。

习近平总书记强调，"党的新闻舆论工作必须创新理念、内容、体裁、形式、方法、手段、业态、体制、机制，增强针对性和实效性"。农业传播应落实习近平总书记的要求，建立适时传播的大数据平台，推动全媒体转型发展，推动农村网络与媒体结合，推进信息流与物流整合，建立农业科技、农产品品牌和用户数据库，让新兴媒体在"三农"发展中全方位发挥积极作用。

农业传播如何助推农村经济，如何更好发挥专业媒体作用，国内很多专家学者在研究，李振中同志就是其中之一。振中同志大学本科学习农业经济管理，毕业后从事"三农"宣传报道二十多年，长期深入农村实地采访，积累了专业媒体传播农业的经验和理论。振中同志在CCTV-7农业频道工作期间，先后担任《科技苑》、《致富经》、《搜寻天下》等多个电视栏目的记者、主编、执行制片人，曾任广告部副主任、技术管理办公室主任、出版社社长、总编辑，对农业传播有实践经验，也有理论思考。他创作的农业传播影视作品荣获"中国出版政府奖"、"中华优秀出版物奖"、"中华农业科技奖"等多项奖励，他本人也荣获"北京市新闻出版行业领军人才"等称号。2017年初，李振中同志到中国食品报工作，获得了"2017年度中国传媒融合发展年度贡献人物"、"中国报业深度融合发展奖·领军人物"等称号。

　　面对新媒体新功能，振中同志写作出版《一个记者眼中的大国农业传播》恰逢其时。相信这本书的面世，对于我国媒体传播农业的研究，对于媒体传播促进经济发展和促进国民素养提升，对于推动新兴媒体和传统媒体融合，都将产生积极的作用。

　　尽显专业媒体作用，助推大国"三农"发展。

　　是为序。

中国轻工业联合会会长

张崇和

2018 年 6 月 18 日

# 序 二

## 农业现代化的核心是提高农民素质

不久前，国家统计局对农村社会经济进行了调查，按一年从事一个月时间农业生产为标准，2017 年全国有农民 3.14 亿，而其中经过培训可以作为职业农民的只有 1400 万到 1500 万人。这与实行乡村振兴和推进农业现代化是极不适应的。尽管我国农业的经营主体在发生变化，以家庭经营为基础的家庭农场、农业企业、农业合作社等在迅速发展，但最基本最基础的还是要有一批第一线工作的职业农民，只有这样乡村才能振兴，农业现代化才有基础。农业现代化的本质是农民的现代化，是农民素质的提高和接受现代化文明的过程。同样，农村的扶贫攻坚，最根本的也是提高贫困农民的素质，有位村支部书记说，凡是可以用钱解决的问题都不难，难在提高农民特别是贫困农民的思想观念和素质。我觉得这位村支部书记是最接地气、最有眼光的基层干部，看到了问题的本质。

如何提高农民的素质呢？一是抓好基础教育；二是抓好培训，抓好继续教育。现在培训的形式，有边干边培训，有职业技术学校的培训，也有新一代农民，已具有一定的文化知识，通过网络和媒体来学习，这是一个很好的途径。

在新型职业农民培训中开展媒介素养教育，能增强学员对于媒介信息的理解能力，帮助他们更好地认识社会、认识世界。熟悉媒介还可以提升新型职业农民对不良信息的抵制能力，提高他们对科学知识的获取能力，成为高技能与高素质兼备的栋梁之材；熟悉媒介还能提升农民对媒介信息的解读能力，在海量信息中学会辨析可用信息、过滤无效信息，让自己有选择的能力。只有具备这些能力，才能在出现内容失实、有失公允和客观的新闻信息时，促使他们做到理性思考，掌握从不同角度去辨析新闻，求证真伪，诉求真相，努力做到不盲从、不偏信、不慌张，认清事件真伪，作出正确选择。

因此，在新型职业农民培训中，开展必要的媒介素养教育，促使学员主动通过参与媒介认知自我、表达自我、宣传自我，进而提升他们参与社会事务的能力，有助于新型职业农民整体素质的提升和农村经济的良性发展。

《一个记者眼中的大国农业传播》是作者李振中在中央电视台农业频道常年工作积累的成果。本书是对农业传播的主力军——央视农业频道的定位、内容、运营、管理、发展战略等多维度、多角度进行的全面思考和论述，也是作者在农业频道工作25年的智慧结晶，其中包含了作者多年潜心研究的成果。对于处在农村一线的基层人员，了解农业传播、收看农业频道、利用媒体资源具有非常重要的参考价值。振中同志曾荣获传媒界多个全国大奖，荣获民进全国参政议政工作先进个人、民进全国社会服务工作先进个人等多种称号，曾在国内不少省市自治区政府、政协和企业、高校等地围绕党的十九大精神、习近平新闻舆论宣传观和新闻传播、信息扶贫、乡村振兴等主题做过多场讲座和报告，在业界具有较高学术声望和社会影响力。

作为振中的朋友，这些年，我见证了他的辛勤努力和超出常人的付出，这本书是他辛勤研究结晶。衷心祝福振中在未来的工作中取得更大成绩。

一粒种子改变一个世界，一本好书创造一个梦想。但愿《一个记者眼中的大国农业传播》能够给新型职业农民培训带来一缕清风，提升我国面向新型职业农民的信息化服务水平，推进我国多层次、多渠道、多形式新型职业农民教育体系的建设。完善新型职业农民培训有助于培育一批有文化、懂技术、会经营的新型职业农民，这不仅是适应现代农业发展需要，更是为农业现代化、新农村建设和新型城乡关系建设提供了人才保障。教育培训的同时不能忽略农业科普，因此，在推广农业科普知识时，也可以通过整合、挖掘和开发现有农业文明珍贵资源，搭建面向全国的技术平台，推广农业知识，保存并传承中国农业文化，为大国农业传播作出应有贡献。

振中同志在农业部直属的中央电视台农业频道工作多年，他多次说他就是典型的"三农"人物：自小在农村长大，大学本科学的是农业经济管理，毕业后二十多年一直从事"三农"宣传报道。作为一个"三农"记者，他的足迹踏遍了祖国大江南北，目前，除了台湾地区以外，全国三十多个省市自治区他几乎都采访到了。因为工作关系，他去得更多的地方是农村，采访得更多的对象是农民，最了解的产业是农业。正是这种浓浓的"三农"情怀，让振中的这本《一个记者眼中的大国农业传播》有了更多让人沉思、值得阅读的价值。希望这本书的问世，能够对大家更多了解我国农业传播状况、提升农民媒介素养、促进"三农"经济发展产生积极的影响。

原国务院扶贫办主任

国家农业部副部长

全国农业科技创业创新联盟主席

2018 年 6 月 18 日

# 序　三

## 媒体融合——媒体发展新未来

　　媒体融合已经成为眼下传播界最火热的一个词，在这种情况下，李振中先生多年努力完成的《一个记者眼中的大国农业传播》即将面世。看到书稿后，我觉得内容实用、数据翔实、分析透彻，可以全面观察了解农业专业媒体传播。因此，当振中提出让我作序时，作为多年朋友，我责无旁贷。

　　随着新媒体的快速发展，尤其是移动互联网的迅速扩张，传统媒体的生存压力越来越大。艰难的处境迫使传统媒体生存压力日渐增加。无论是报纸的选题、广告客户、读者数量、经营模式、传播途径等都面临着生死存亡的考验，甚至我们时不时就能听到一张张曾经非常熟悉的报纸宣布关张停摆的消息，看到那些员工被迫疏散的残酷现实。

　　古语云："穷则思变，差则思勤。"面对如此严峻的情况，我认为传统媒体别无选择，唯有寻求转型。传统媒体要本着一切为读者着想、一切为用户服务的新思路，重构全新运营模式，寻求传统媒体突围之策、生存之路。

　　习近平总书记在系列重要讲话中提到，要高度重视传播手段建设和创新，提高新闻舆论传播力、引导力、影响力、公信力。强化互联网思维，坚持传统媒体和新兴媒体优势互补、一体发展。面对新媒体的冲击，传统媒体的转型必须坚持先进技术为支撑、内容建设为根本，在内容、渠道、平台、经营、管理等方面深度融合。完成新变革，重点要解决好以下五个方面的问题。

导向再讲。宣传党的十九大精神和习近平新时代中国特色社会主义思想，是一项长期的工作，也是媒体的责任，必须做好做实，作出成效。坚守正确的舆论导向，是媒体永远不变的追求、时刻坚持的原则和根本。在新时代，做好新闻舆论工作，一定要再次强调，必须坚持正确的舆论导向，这一点尤为重要。

媒介再融。实现真正意义上的媒体融合绝不仅仅只是把传统媒体的内容通过"一网两微一端"等互联网化做传播，而应该是媒体介质深度融合、差异化生产、各有侧重、多介质传播，充分利用各个传播途径并相互融合发展。即时新闻通过新媒体第一时间发布，深度报道、分析报道通过传统媒体刊发后新媒体再发，音视频内容就要充分利用视频网站、VR、手机直播等方式立体传播。信息传播供给侧改革中，必须要正视移动终端客户的激增，使新闻资源向移动端转移成为必然趋势。

流程再造。重新打造全媒体时代的采编发流程。新闻信息要一次采集，多格式生成，多媒介使用，也就是常说的"一菜多吃"，打造真正由全媒体生产的"中央厨房"。在技术支撑上，建立全媒体采编系统技术平台，支持图片、音视频、文字等多种信息的输入、编辑、传输。然后可以从这个平台统一向报纸、网站、客户端、微博、微信等编辑、传输、发布。这就是通过流程机制和组织再造实现新的生产发布流程。

人才再培。全媒体时代，新闻记者不仅仅能够策划、采访和写作，还应该具有编辑、摄影、摄像、手机直播等技能，以用户为中心。除了把新闻传播出去，还得考虑传播效果、受众反馈，做到个性化、细节化、互动化和及时化。因此，应加大对采编人才的培训和考核，提高全媒体记者对新媒体贡献率的考核指标，引导记者向全媒体方向转变，在新时代培养高素质的全媒体记者人才。

版面再建。报纸头版头条是新闻来源最可靠、新闻价值最大、社会关注最多、最能体现报纸核心思想的内容。故而，应力争让最有价值的新闻、最深入的分析报道、最重大的行业信息和技术甚至最有品牌力的广告出现在头版，为广大读者和客户服务。

面对新媒体的剧烈冲击，传统媒体不能自乱阵脚、丧失信心。应该理性地认识到，传统媒体有着自己的优势，如何发挥优势再造辉煌，必须要有自己清晰的思路。思路决定出路，观念改变未来。在新媒体形势下，传统媒体一定要有新的理念和方法，必须要有运营概念、用户概念和移动互联网思维。媒体融合如何做到"你就是我，我就是你"，新媒体如何创造自己的盈利模式，这些都是要大胆探索的问题。此外，传统媒体一定要重视大数据，对用户的需求、结构和市场有着清醒的认识，进而做到有的放矢，要用移动互联网思维办好传统媒体。所谓移动互联网思维，不同于互联网思维。移动互联网思维是一种多维网络状的生态思维，这种生态思维，以节点彼此连接，形成大小不同的生态圈，不同生态圈之间也彼此连接形成更大的生态圈。更大生态圈再彼此连接，可以形成再进一步大的生态圈或系统。以此类推，没有终极。

新的传播环境中，舆论工作的环境、对象、平台均发生了明显变化。以互联网思维积极探索"两微一端"等互联网衍生传播工具的开发应用，敢用、会用、善用新媒体，熟悉、关注、驾驭新媒体，是时代赋予我们的重要而紧迫的新课题、新挑战。

《一个记者眼中的大国农业传播》一书在充分研究阐述传统媒体央视农业频道农业传播的同时，没有忘记互联网冲击对传统媒体的影响，提出用互联网思维对农业传播进行系统重建，同时还创造性地提出了许多新观点，比如用更多、更新的方式来充分利用农业频道积累的大量的音视频资源，以"互联网+"形式成立"农业传播科普体验推广中心"，更好地适应时代和社会需求；充分发挥农业影视节目资源的全媒体生产、传播、发布，用大数据服务来进一步提高服务"三农"、沟通城乡的传播覆盖质量、舆论宣传效果，更好地宣传党的路线方针政策；坚持正确的舆论导向，普及农业科学知识，创造更大的社会效益，推动精准扶贫和全面小康社会建设。

　　作为多年好友，我一直关注振中的发展，经常为他的拼搏和毅力而感动，正如他办公室长年张贴的那幅字"天道酬勤"一样，振中是努力的，我也常常为他的奋斗、执着、拼搏精神而触动，因此愿意为本书作序。

原中宣部新闻出版局副局长

2018 年 6 月 28 日

# 目　录

# 前　言

我国作为农业大国，"三农"问题是关系国家经济社会发展的重大问题。"三农"问题即农业问题、农村问题、农民问题的总称。"三农"问题解决得如何，直接影响国民经济的发展，乃至社会的稳定。因此"三农"问题也是我们国家历届政府非常重视的重要问题，更是广大人民群众最为关注的焦点。农业是国民经济的基础，农村是承载中华民族乡愁的精神家园，农民是我国人口数量最多的群体。"三农"问题是中国现代化进程中的基础性问题，党的十八大以来，习近平总书记对"三农"工作高度重视，作出了一系列重要论述，从不同角度阐释了涉及转变农业发展方式的许多重大问题。2018年召开的中央经济工作会议强调，要坚定不移加快转变农业发展方式，尽快转到数量质量效益并重、注重提高竞争力、注重农业技术创新、注重可持续的集约发展上来，走产出高效、产品安全、资源节约、环境友好的现代农业发展道路。

习近平总书记2016年2月19日在北京主持召开党的新闻舆论工作座谈会上强调，领导干部要增强同媒体打交道的能力，善于运用媒体宣讲政策主张、了解社情民意、发现矛盾问题、引导社会情绪、动员人民群众、推动实际工作。在"三农"问题解决过程中，农业电视传播承担着信息交流、舆论引导等重要作用。目前大国农业传播存在很多问题，比如在内容上存在重行政信息轻市场信息、重领导活动轻民生新闻、重娱乐节目轻科技节目等问题。农业传播亟须进行创新发展，对农业传播的平台、定位、内容、渠道、表现形式、传播效果等进行思考和创新。努力使农业传播在推动社会发展和农业现代化发展进程中起到应有的作用。

本书整体的研究思路是从宏观到重点案例分析，从问题的发现到问题的分析再到问题的解决，从实证分析到理论阐释然后再回到实践运用。

本书以问卷调研数据和用户行为调研数据为基础，结合重点访谈的专家智慧，运用问卷调查法、深度访谈法、数据分析法、规范研究法和案例分析法，基于实证分析和规范的理论研究，对我国电视农业传播的现状进行梳理分析。重点检视了我国电视农业传播的基本格局、传播内容、电视农业传播的传播与接收状况和运营与生存状况等几方面的内容，展开立体化透视，形成对其整体判断并重点解析其存在的主要问题，探求解决措施。在具体分析CCTV-7农业频道当前存在问题的基础上，对CCTV-7农业频道如何战略转型发展提出建议，试图让提出的创新发展构想具有前瞻性。

把农业研究置于公共传播理论视域下进行研究是一项创新。本书基于我国当前的政策环境及新媒体发展的背景，基于公共传播理论，将农业传播置于公共传播理论视域下展开研究，提出建构农业公共传播体系，建立公共传播制度。为我国农业传播的公共传播制度的建立提供理论支持和理论阐释，并以此进一步丰富公共传播理论。以CCTV-7农业传播为重点研究对象，并将农业传播置于公共传播的理论视域下展开重点分析，对农业传播做深入的理论和实证双重观照，这样有助于农业传播问题的发现与解决，并以此助推"三农"战略的实现与"三农"问题的解决，具有重大的理论与实践意义。

研究发现，目前的农业传播存在以下几方面问题：

第一，农业传播资源配置偏少。电视频道资源的短缺已经限制了农业政策的发布和传播，带来的直接后果就是政府"三农"政策不能很好解读，农民呼声无法反映，受众期待与传播内容出现错位，传播效果大打折扣。

第二，农业传播接收状况不理想，观众满意度低等。农业传播覆盖率高但有效收视率低。我国电视农业传播的内容非专业化、泛娱乐化倾向严重。

第三，农业传播运营上也有一系列问题：目前农业传播主体收入高度依赖广告，政府扶持力度很小，财政补贴只占很少的比例。这就迫使传播主体要放弃频道公益化的定位，跟其他商业性的媒体一样参与市场竞争；"事业单位，企业化管理"的双轨运行模式导致农业频道在市场化的大背景下，也将自身的频道定位划分为商业性的传媒，偏离公益定位去追求市场利益最人化；在传播内容上，农业信息质量供求矛盾、内容普遍忽视跨地区差异、节目内容与形式同质化严重、内容平台亟须扩充资源等一系列问题。

第四，面对互联网的迅猛发展，农业频道及时应对挑战，在新形势下提出更好符合形势发展的新要求的举措还不够有力。

研究认为，解决农业传播存在的问题，可以从以下几点出发：

第一，政府制定政策解决农业传播如何实现公益性的问题。必须将农业传播纳入公共传播体系中去，以政府为主导，以改善服务为重点，优化传媒资源的配给情况，逐步建立起行之有效的农业传播服务体系，强化媒体的服务功能，贴近农民生活。国家应该制定政策，鼓励农业频道站在公益传播的定位，去更多参与社会公益传播，更多参与社会公共服务传播，逐步构建农业传播公共传播体系。

第二，研究发现，CCTV-7作为当前中国最大的农业传播平台，依然是农民各类信息最主要、最权威的来源。而"政策"、"致富"、"科技"、"民生"是农民最为关心的信息类型，也是需求量最多的信息。基于电视农业传播在内容方面存在的问题分析，提出农业传播的三个核心内容支点应该是农业政策的解读和传播、农业科技的推广和普及以及农村民生新闻的关注和报道。这篇文章在国内首次提出这三个方面内容应该成为电视农业传播的核心内容。

第三，研究认为，以CCTV-7农业频道为例，在互联网背景下，农业传播应该适时建立农业传播大数据平台，完成农业传播的全媒体转型发展。农业传播应该根据自身的定位、受众群体以及传播手段、用户需求等特点来建设农业传播特色数据库。为不同传播终端提供不同的传播内容，实现媒体资讯的一次性采集、多次利用、多种方式进行发布传播，从而让公众通过各种不同的方式来接收农业频道的节目信息。尤其在互联网和数字化背景下，农业传播应该加强全媒体的发展，其中最重要的是把农村网络化工程与全媒体发展结合起来，加强农业科技数据库和农产品品牌数据库、用户数据库等的建立，尤其是完成信息流与物流的整合。既要完成农业传播本身承担的信息传递的功能，同时又要完善农村网络化工程建设，以此来拉动农产品品牌建构和促进农产品销售，从而使农业传播的信息流建设与农产品物流建设完美结合。

总之，通过一系列的举措，使得农业传播无论从内容到渠道、从政策到传播形式、从频道资源配置到频道公益定位等各方面综合改革，促进农业传播创新发展。

本书在诸多方面有创新：

第一，本书基于公共传播理论，将农业传播置于公共传播理论视域下展开研究，率先提出建构农业公共传播体系，建立公共传播制度。为我国农业传播的公共传播制度的建立提供理论支持和理论阐释，并以此进一步丰富了公共传播理论。

第二，基于电视农业传播在内容方面存在的问题进行分析，提出农业传播的三个核心内容支点应该是农业政策的解读和传播、农业科技的推广和普及以及农村民生新闻的关注和报道。在国内首次提出这三个方面内容应该成为电视农业传播的核心内容。

第三，在互联网和数字化背景下，农业传播应该加强全媒体宣传报道的进程，最重要的是把农村网络化工程与全媒体发展结合起来，加强农业科技数据库和农产品品牌数据库、用户数据库等的建立，尤其是完成信息流与物流的整合。既要完成农业传播本身承担的信息传递的功能，同时又要完善农村网络化工程建设，使农业传播的信息流与农产品物流完美结合，以此来拉动农产品品牌建构和促进农产品销售。

第四，实践创新：一是对 CCTV-7 现实中存在的传播问题进行全面而深刻的反思。由于笔者多年来一直在 CCTV-7 农业频道从事相关工作，对于频道栏目的设置、创作、运营、管理等各个方面有着十分深入的了解。在整个传媒业经历大变革的时代背景下，农业频道存在的许多积弊也逐渐显现出来。要想顺应时代大势，必须深刻反思当下存在的传播问题，通过创新实现"弯道超越"，提高农业频道竞争力，促进农业频道长远发展。二是在新媒体环境下生成农业传播内容的数据库，使农业传播逐步实现互联网化。同时要在加强农村互联网化的大背景下，利用互联网平台，打破单一的传播渠道，实现农业传播内容互联网化。三是在新型城镇化建设中，要加强农村互联网建设。过去搞"村村通"工程，电视进村入户，如今传统电视也面临数据化生存的问题，否则使用人群越来越少，而建立数据库必须有使用人群，必须加强农村互联网终端建设，这也为本研究提出了新的实践要求和创新方向。

为了进一步加大农业影视节目利用的社会效益，在"互联网+"技术的支持下，本书提出了建立农业传播科普体验推广中心。可以通过整合、挖掘和开发现有农业文明珍贵影视资源，搭建面向全国的技术平台，推广农业知识，保存并传承中国农业文化。拟以农民和青少年为服务主体，依靠互联网、大数据、云计算等信息技术，对农业音视频资源进行创新性、数字化的加工提升，并融合 VR（虚拟现实）、AR（增强现实）等现代科技手段，建立集职业农民教育培训、交流、学习、科技成果推介与产业发展对接等服务功能为一体的科技信息服务平台，通过融媒体线上线下相结合的推广方式，建设线上平台和线下科普体验推广中心两种运营模式，广泛推广应用。就像习近平总书记所说，强化互联网思维和一体化发展理念，推动各种媒介资源、生产要素有效整合，推动信息内容、技术应用、平台终端、人才队伍共享融通。建设科普体验推广中心可以创新科普培训手段、培训方式，搭建全新科普培训平台，提升全民学科学、用科学的范围和水平。用丰富多样的方式强化大国农业传播力度，助推中国"三农"经济发展。

# 绪　　论

## 第一节　研究背景与研究意义

### 一、研究背景

我国作为农业大国，农业、农村、农民即"三农"问题是关系国家经济社会发展的重大问题。我国农业用地占用面积大，农村人口众多。根据中华人民共和国国家统计局 2016 年发布的数据显示，截至 2015 年年末，我国的总人口约为 13.7 亿，其中城镇人口数量约为 7.7 亿，乡村人口数量为 6.0 亿，乡村人口数量约占总人口数量的 43.8%。[①] 根据国家统计局历年发布的数据可以看出，农村人口占总人口的比例虽然呈现出了逐年递减的趋势，但实际上人口数量并没有显著地减少，农村人口仍然占了约半数的总人口数量。

虽然几十年的改革开放让我们国家的国民经济整体上有了巨大发展，经济结构也发生了较大调整，但农业人口比例依然很大。根据 2002 年《国民经济行业分类》（GB/T 4754—2002）中社会生产生活历史发展的顺序对产业结构的划分，农业（包括种植业、林业、牧业、副业和渔业）被划分为第一产业。表 0-1 列出了 2011—2015 年的农林牧渔业总产值占

---

[①]　中华人民共和国国家统计局，http：//data. stats. gov. cn/easyquery. htmcn＝C01。

国内生产总值的比重。在第三产业对国民经济贡献率逐年递增的大背景下，第一产业的农业仍然能在国内生产总值中占比稳定，这说明了农业在我国具有基础地位。

表0-1　我国农林牧渔业总产值占国内生产总值的比重（2011—2015年）

| 年份 | 国内生产总值<br>（亿元） | 农林牧渔业总产值<br>（亿元） | 所占比重<br>（%） |
|------|------|------|------|
| 2011 | 489300.6 | 81303.9 | 16.6 |
| 2012 | 540367.4 | 89453.1 | 16.6 |
| 2013 | 595244.4 | 96995.3 | 16.3 |
| 2014 | 643974.0 | 102226.1 | 15.9 |
| 2015 | 689052.1 | 107056.4 | 15.5 |

面对近14亿的庞大人口数量，如何保证大家的吃喝就成了政府的头等大事，农业问题的重要性就显而易见了，所以从2004年至今连续15年的中央一号文件都涉及了"三农"问题。每届政府都对"三农"问题极为重视，都把"三农"问题的解决放在首要位置。即便如此，农业发展的实际情况却不容乐观，农村整体经济状况不尽如人意，农业发展提升空间依旧很大，农民收入依然很低，农民话语权依旧很弱。

为了全方位发展农村经济，加大信息传播的力度，提升"三农"宣传效果，中央以各种方式曾多次发文，要求中央和省市地方加大农业宣传力度，增加传播方式，扩大传播途径，增强宣传效果，提高农民掌握和使用信息的能力和水平。最近几年各地电视台也陆续开设了很多农业宣传频道和栏目。

相对于中国的社会实践来说，大众传播与国家发展的研究与讨论应当在新的社会背景与时代背景下展开，如何增加农业传播的方式方法，提升宣传效果，构建更有现实意义的农业传播理论体系和实践框架，无疑具有重大的理论意义和实践意义。

在"三农"问题的解决过程中，农业电视传播承担着信息交流、舆论引导等重要作用。当前国家对"三农"问题的高度重视以及农业传播行业自身的发展需要，都对农业电视频道的创新发展提出了新的要求。

### 1. 政策需求新动向

在政策方面，"三农"问题一直是我国政府关注的重点领域。在2004年至2018年的中央一号文件中，都涉及了"三农"领域，并将当时亟待解决的问题作为重点。总的来说，我国"三农"政策的调整，主要在于发展现代农业、推进社会主义新农村建设以及促进农民增收三方面。其中，涉及电视领域的政策，主要在于农村地区广播电视的普及，即"村村通"工程。自2005年首次提出"村村通"工程后，2006年至2010年的中央一号文件中连续提及这一措施。

从国家层面上提出应该充分利用各种传统媒体和新媒体，为广大农村基层提供信息传播服务，这也是新时期我国在政策上对农业电视传播的新要求。

### 2. 行业发展新要求

在农业传播行业中，目前我国的农业电视传播具有频道数量较少、节目比例较低的特点，农业传播频道只有CCTV-7农业频道①、9家省级频道以及为数不多的市、县级频道。② 在市场经济大环境下，农业频道竞争力不强，边缘化现象严重。同时，为了提高自身的收视率，一些农业电视节目存在内容脱离"三农"主题的问题。

随着城乡一体化、现代农业、集约农业的发展，传统意义上的农民不断减少。但目前的农业电视节目中，对农村的实际情况和变化缺乏关注，在内容上存在重行政信息轻市场信息、重领导活动轻民生新闻、重娱乐节目轻科技节目等问题。③

---

① 本书所提到的CCTV-7农业频道均指CCTV-7农业频道部分，不涉及军事频道。
② 参见项仲平等：《广播电视节目传播策略研究——对农传播新视角》，清华大学出版社2011年版，第3页。
③ 参见项仲平等：《广播电视节目传播策略研究——对农传播新视角》，清华大学出版社2011年版，第3页。

此外，互联网的发展，也对农业传播提出了新的要求。电视农业节目如何充分发挥新媒体移动性、实时性、交互性的特点，对电视节目形态和内容进行创新，是目前需要解决的问题。

### 3. CCTV-7 农业频道发展新需要

虽然 CCTV-7 农业频道经过二十多年的发展，制作播出的农业节目数量已经占到全部农业节目的 80%，应该说数量非常之大。再加上 CCTV-7 农业频道的全国优势地位和国家级平台的优势，在农村覆盖率非常高。但目前 CCTV-7 农业频道依然存在节目定位与农民需求脱节、频道与节目资源匮乏、节目表现形式陈旧、融媒体发展太慢等问题。

面对央视不同专业频道的收视压力、省级卫视同类节目的竞争压力以及网络媒体的冲击，CCTV-7 农业频道必须在战略定位、节目内容、传播渠道等多方面进行创新，以增强自身的竞争力。

## 二、研究意义

农业电视传播，就是以农业、农村、农民为研究报道对象，以农民为主要受众。虽然经过几十年的发展，农业电视传播有了很大提升，但是总体来看，对于"三农"传播来说，还是农业电视传播太薄弱。所以说电视行业的飞速发展并不能掩盖公平性和均衡性的缺失，不能掩盖农业电视传播资源太少的现实。农业传播也几乎成为被遗忘的一个角落。因此农业传播的电视人感受到了农业电视节目收视率不断下滑的紧迫感、市场份额越来越小的危机感。尤其现在新兴媒体的冲击，不仅拉走了客厅的观众、夺走了观众的眼球，更想掏走原本属于传统媒体的钱。因此传统电视农业宣传面临权威性的挑战，甚至生存的挑战。电视媒体真正关注"三农"的声音越来越弱。即便是有些节目可收视率和可覆盖率较高，但是考虑到收视群体的话语权很弱的情况，带来的社会影响仍然非常有限。电视频道资源的短缺其实已经限制了农业政策的发布和传播。据研究，到 2017 年，70% 的农业人口只有 1% 的农业电视节目，79 个上星频道只有 CCTV-7 的

0.5 个频道（一半军事一半农业）和陕西农林卫视是农业频道。带来的直接后果就是政府"三农"政策不能很好解读，农民呼声无法反映，受众期待与传播内容出现错位，传播效果大打折扣。甚至造成处于边远地区的很多农民成为信息的荒地。总体来讲，农业传播与中国农业大国的现实以及党和政府的"三农"战略颇不相称。

本书基于我国当前的政策环境及新媒体发展的背景，将经济学"创新发展"理念同农业传播相结合，将农业传播置于公共传播的理论视域下重点分析研究，在研究视角上具有一定的创新性。本书在具体分析 CCTV-7 农业频道当前存在问题的基础上，试图对 CCTV-7 农业频道如何战略转型发展提出建议，在理论上完成我国农业电视频道转型发展方面的研究。

同时，本书具有很强的时效性。不仅立足于当前的政治、传播环境，还以扎实的理论研究和数据分析为基础，其研究成果主要应用在以下三个方面：

第一，对满足农村群众生产、生活、教育和娱乐的需要具有现实意义。在我国电视传播领域中，以农民为主要受众的农业电视频道一直显得较为弱势，农业频道数量少，农村受众接触电视的难度大。本书所提出的创新发展建议，不仅能对我国其他农业传播频道起到一定的借鉴作用，还能提升农村受众的媒介利用水平、信息接收水平和知识储备量，满足农村群众生产、生活、教育和娱乐的需要。

第二，对构建我国农业传播体系的创新发展具有很强的参考借鉴意义。本书不仅从受众需求角度出发进行研究，更是从整体角度对我国农业电视频道在定位、内容、传播方式等方面的创新进行分析，为我国农业传播相关政策和未来发展战略的制定，提供了有价值的参考依据，有助于我国农业传播体系的科学构建和良性发展。

第三，对 CCTV-7 农业频道自身制定未来的发展战略具有指导意义。本书通过对 CCTV-7 农业频道节目编创者及受众的访谈、调查，全面、深入了解农业传播目前存在的问题并分析其背后的原因，切实提出 CCTV-7

农业频道未来创新发展的各项策略，对 CCTV-7 农业频道自身制定未来的发展战略具有指导意义。

本书将以 CCTV-7 农业传播为重点研究对象，并将农业传播置于公共传播的理论视域下展开重点分析，对农业传播做深入的理论和实证双重观照，这样有助于农业传播问题的发现与解决，并以此助推"三农"战略的实现与"三农"问题的解决，具有重大的理论与实践意义。

## 第二节　研究内容与研究目标

### 一、研究内容

本书从整体层面研究我国农业传播状况，分析其现状和问题所在，为全书提供一个宏观研究背景。在研究手法上，以 CCTV-7 为重点研究对象，就其传播内容、传播状况与受众接收状况、受众满意度与受众期待及其生存运营状况，展开立体化透视研究，形成对目前我国农业传播的整体判断并重点解析存在的主要问题。

具体的研究内容包括：

1. 关于农业传播内容

从农业传播的根本宗旨出发，农业频道应该是农业政策的解读者、农业科技的推广者和农村民生新闻的报道者。

首先，农业频道是国家农业政策的解读者。准确、生动地解读农业政策是农业频道的首要任务，这不仅仅是由农业传播以担当党和政府喉舌耳目为自身属性所决定，更是解决"三农"问题根本性的需求所决定。这是农业频道第一个内容支点。

其次，农业频道还应该重点进行农业科技的普及和推广。在现今时代，以合适的方式和时机进行农业科技报道也是农业传播的重要社会任务。这是农业频道第二个内容支点。

再次，农村民生新闻也应该是农业频道重点报道对象。深入挖掘农村故事,悉心关怀农民生活,适时宣传农村好人好事,是农村民生新闻的重点内容。这是农业频道第三个内容支点。

与此同时,对农业传播现状的战略性思考和反思,包括现有节目的定位问题、结构问题、栏目设置问题、内容构建问题等也有所关注。

## 2. 关于创新发展的问题

农业频道应该如何战略转型发展,如何应对新媒体对农业传播带来的冲击,尤其是互联网视频传播的崛起对电视常态传播的冲击,这个问题既是所有电视传播面临的问题,也是农业传播必须解决的问题。

在上述研究的基础上,提出农业传播的创新发展战略:公共传播的战略定位,农业传播的三大内容支点及其网络与数字化传播背景下的农业传播数据库的建立和使用。

## 二、研究目标

将农业传播置于公共传播理论视域下展开研究,为我国农业传播的公共传播定位提供理论支持,为我国电视传播公共传播制度的建构提供理论阐释,并以此进一步丰富公共传播理论。在整体检视的基础上,以 CCTV-7 为重点研究对象,对我国农业传播作出整体客观的评价,并在理论与实证分析的双重观照下,对我国农业传播存在的主要问题作出深入的立体透视;对我国农业传播问题的解决及其未来发展,提出相关对策与建议。

# 第三节　研究的理论基础

## 一、"三农"发展相关理论

马克思主义农业、农村、农民理论:尽管马克思、恩格斯关于农业、农村、农民问题的专著不多,但在大量经典著作中,都对这一问题进行了论述。在农业问题上,马克思、恩格斯强调农业的基础地位,认为农业是国民经济的基础。在《资本论》中,马克思指出:"超过劳动者个人需要的农业劳动生产率，是全部社会的基础，并且首先是资本主义生产的基础。"① 在农村问题上，马克思、恩格斯主要关注城乡关系问题，并提出，随着生产力进一步发展，城乡之间必然会由对立走向融合。在农民问题上，马克思、恩格斯主要关注农民解放及其与工人阶级的关系。

中国对于"三农"理论的发展："三农"问题即农业问题、农村问题、农民问题的总称。"三农"问题在我国一直存在，但在 20 世纪 90 年代前，主要对"三农"问题分别给予关注和研究。90 年代中期，"三农"问题这一提法的出现，并在此后逐渐被官方引用。

在"三农"理论的探索上，以毛泽东、邓小平、习近平为代表的共产党人进行了大量的研究，而党的十六大以来，党中央以新农村建设为目标，在"三农"问题的解决中形成了新的理论成果。

毛泽东强调农业的基础地位，认为发展工业必须和农业并举。同时，毛泽东认为，社会主义道路是我国农业唯一的道路。此后，邓小平提出，农业发展需要依靠技术进步，走科技兴农之路。同时，邓小平认为，对于中国而言，农村工业化、城镇化是解决"三农"问题的关键。党的十六大以来，胡锦涛提出解决"三农"问题需要统筹城乡经济社会发展、全面深化农村改革，并提出要按照"生产发展、生活宽裕、乡风文明、村容整洁、管理民主"的要求，积极推进社会主义新农村建设。党的十八大报告中指出，要坚持走中国特色新型工业化、信息化、城镇化、农业现代化道路，促进工业化、信息化、城镇化、农业现代化同步发展；城乡发展一体化是解决"三农"问题的根本途径。推动城乡发展一体化，就是将城市和农村融为一体共同发展、共同繁荣。把教育、卫生、社保等公共资源均衡配置到农村，努力做到城乡规划、基础设施建设、公共服务一体化，促进城乡要素平等交换和公共资源均衡配置，逐步缩小城乡差距。

习近平总书记高度重视农业、农村、农民工作，对做好"三农"工

---

① 《马克思恩格斯文集》第 7 卷，人民出版社 2009 年版，第 888 页。

作提出了许多新思想、新理念、新论断。这些重要论述着眼我国经济社会发展大局，深刻阐明"三农"工作的战略地位、发展规律、形势任务、方法举措，为新时期农业农村改革发展提供了重要遵循。习近平总书记"三农"思想十分丰富，内容涵盖"三农"各个方面。在习近平总书记"三农"重要论述中，"三个必须"、"三个不能"、"三个坚定不移"最为系统和鲜明，居于总括性总要求的地位。在 2013 年中央农村工作会议上，习近平总书记提出：中国要强，农业必须强；中国要美，农村必须美；中国要富，农民必须富。"三个必须"通过论述"三农"强、美、富与国家强、美、富之间的关系，指出"三农"问题是关系中国特色社会主义事业发展的根本性问题，是关系我们党巩固执政基础的全局性问题，这是对"三农"工作基础性地位的总把握。2015 年 7 月，习近平总书记在吉林调研时指出：任何时候都不能忽视农业、不能忘记农民、不能淡漠农村。"三个不能"从历史维度审视"三农"发展规律，表明了在任何时期、任何情况下都始终坚持强农惠农富农政策不减弱、推进农村全面建成小康社会不松劲的决心和态度，明确了我们党在经济上保障农民物质利益、在政治上尊重农民民主权利的宗旨使命。2016 年 4 月，习近平总书记在安徽凤阳县小岗村召开的农村改革座谈会上强调：要坚定不移深化农村改革，坚定不移加快农村发展，坚定不移维护农村和谐稳定。"三个坚定不移"从全局角度明确了"三农"工作重点，在关键时期释放了党中央高度重视"三农"工作的强烈信号，表明了我们党坚定深化农村改革、加快农村发展、维护农村和谐稳定的政策目标，既是加快农村改革的响鼓重槌，也是推进"三农"发展的必由路径。这三个方面的论述，虽各有侧重，但主题一致、相辅相成，既有着眼长远的战略判断又有立足当前的政策部署，既有理论的继承和创新又有实践的总结和发展，既有历史经验又有现实思考。这些思想进一步丰富和发展了我们党的"三农"思想，集中体现了我们党对农业农村改革发展稳定的坚定自信和对亿万农民群众的责任担当，是指导新时期"三农"工作的强大思想武器。习近平总书记还有很多简洁明快却掷地有声的讲话，道出了他深厚的"三农"情怀和深邃的理论思考："小康不小康，关键看老乡"；"农村绝不能成为荒芜的农村、留守的农村、记忆中的故园"；"任何时候都不能忽视农业、不能忘记农民、不能淡漠农村"；"重农固本，是安民之基"；"农业兴、百业兴；农业衰、百业衰；农业萎缩、全局动摇"；"既要绿水青山，也要金山银山，其实绿水青山就是金山银山"；"农业兴才能百业兴、农民富才能全省富、农村稳才能全局稳"；等等。

习近平总书记关于"三农"问题的系列重要论述，继承、丰富、发展了我们党一贯坚持的重农强农战略思想，明确了新时期我国"三农"工作的主攻方向和工作基调，对于做好新时期"三农"工作必将产生重大推动作用。①

## 二、公共传播：传媒的公共性与公共性传媒

### 1. 传媒的公共性

传媒的公共性指的是传媒必须按照公共领域的规范要求而展开其实践。哈贝马斯所谓的公共领域是借助于期刊、出版物、咖啡厅等大众媒体和公共活动场所来讨论和批判公共问题的场域。② 公共领域理论推动了研究者对公共传播的角色认知，对传媒的公共性有了新的要求，表现在：传媒的受众定位为公众，其话语具有公正性，其运作具有公开性。

哈贝马斯认为"公共性"可以宽泛地理解为公共领域对所有公民无障碍地开放，公众在公共领域内对公共权力和公共事务进行批判以及遵循自由、民主、正义原则进行理性商议所达成的能促使独立参与者在非强制

---

① 中央农村工作领导小组办公室 浙江省农业和农村工作办公室：《习近平总书记"三农"思想在浙江的形成与实践》，《人民日报》2018年1月21日。
② 参见［德］哈贝马斯：《公共领域的结构转型》，曹卫东等译，学林出版社1999年版。

状态下采取集体行动的共识。①

　　但是，由于商业逻辑的全方位渗透和我国完全国有的特殊媒介体制，在我国已经形成了传媒公共性缺位的事实。在这种情况下，再提传媒的公共性恰逢其宜，具有重要的学术价值和现实意义。国内学者研究关注传统媒体如电视、报纸等的公共性的体现以及强调在传媒实践中必须重视传媒公共性的应用。但这方面研究并不多见。

　　方延明从媒介文本的公众性、媒介在公共领域的地位和媒介是社会公器三方面加以探讨。他认为媒介文本公众性即文本内容的公共性、舆论公共性和阅读文章的公共性。肯定了媒介在公共领域中的积极影响，认为其比一般的公众舆论更理性、更思辨、更有价值导向。在社会公器问题上，认为传媒是一个有限的"公共领域"，是各方声音展示的良好舆论平台，要重视传媒公信力的建设。②

　　马锋从"公共物品"的概念界定入手，认为公共物品具有非排他性和非竞争性这两个特点，新闻的起源和功能、信息本体都决定了它具有这两个特点，因而新闻是公共物品，具有公共性。③

　　孙玮以都市报为例，研究了报纸的公共性。认为都市报形成公众意见，提供虚拟空间，代表普遍利益，体现了公共性，只是方式上有其特殊性，是通过张扬"私人"概念来反向强化公共性。④

　　张金海等以传媒属性为逻辑起点，认为中国传媒产业实践的不断演进和产业模式的反复试错，就是对传媒独立社会角色要求的回应。国家取向

---

　　① 参见唐佳希：《传媒公共性问题研究——基于结构功能主义的分析视角》，武汉大学博士学位论文，2010 年。

　　② 方延明：《媒介公共性问题研究三题》，《扬州大学学报》（人文社会科学版）2004 年第 6 期。

　　③ 马锋：《新闻即"公共物品"——一种经济视域的分析路径》，《国际新闻界》2006 年第 8 期。

　　④ 孙玮：《论都市报的公共性——以上海的都市报为例》，《新闻大学》2001 年（冬季号）。

和传媒取向两种取向贯穿传媒产业发展全过程，使得公共性表达处于实际的缺失状态。①

李良荣等人以传媒公共性为目标，认为传媒改革的最终目标就是走向公共性。公共性是传媒在具体的现实场景中的实践逻辑。在社会变迁、政策变迁和媒介变迁的现实背景下，传媒公共性实践就是作为多元主体之一参与社会治理和国家治理，以平等、公平、公正、开放为圭臬，为多元社会中的各利益群体提供意见表达和沟通的平台，从而"制造社会共识"。这也是传媒和政府、市场、社会各自目标和利益的最佳契合点。②

2. 公共性传媒

哈贝马斯的"公共领域"理论，建立了"公共领域—经济—国家"的三元分析框架。此后的传媒学者以此为基础，认为传媒公共性的重建需要发展一种独立于政府和市场之外的公共传媒系统，即公共性传媒。约翰·基恩在《媒体与民主》中也支持这一点。通过建立公共性传媒这一传媒服务体系，来消减政治权力和自由化市场的负面影响。

在对传媒公共性的研究基础上，学者开始把重点转向公共性传媒的体系建构上。张金海等认为，公共性传媒是非官方非营利的传媒机构，主要是向社会公众提供公共信息服务，并作为公众共同使用的信息平台，其资源消耗的补偿主要来源于作为纳税人的社会公众以及社会建构的社会公共服务体制，以此保障公共性传媒公共服务宗旨的实现。建议以传媒属性为逻辑起点，建构国家传媒、公共性传媒和商业性传媒的合理传媒结构，以避免传媒公共性结构转型的危机。③

陆地等从建立公共电视的路径出发，提出了空间切割模式和时间切割

---

① 张金海、李小曼：《传媒公共性与公共性传媒——兼论传媒结构的合理建构》，《武汉大学学报》（人文科学版）2007 年第 6 期。

② 李良荣、张华：《参与社会治理：传媒公共性的实践逻辑》，《现代传播》2014 年第 4 期。

③ 张金海、李小曼：《传媒公共性与公共性传媒——兼论传媒结构的合理建构》，《武汉大学学报》（人文科学版）2007 年第 6 期。

模式的组合策略，让电视经营有"法"可依，给公共电视一定的发展空间。① 石长顺等认为从公共电视的传播出发，认为公共电视符合公共领域对传媒的本质要求，要重视其在公共领域建构中的作用。②

值得注意的是，哈贝马斯的"公共领域"理论是建立在资本主义的公民社会的基础上的，与中国的国情有不相适应的地方。费孝通在《乡土中国》中从社会学的角度指出了中国现代社会的乡土性，因此中国的公共性传媒建构的体系目标、建设路径、建成效果以及这一过程中可能出现的长期的各利益群体的博弈，都需要用发展的眼光来看待，具体问题具体分析。

### 三、创新发展：创新理论与创新传播

#### 1. 创新理论

创新理论是经济学家约瑟夫·A. 熊彼特（J. A. Schumpeter, 1883—1950）最先提出的一个经济学理论。

熊彼特涉猎广泛，研究范围涉及经济学方方面面，提出过很多具有影响力的经济学理论，而"创新理论"是其众多理论里面最为重要、影响力最大的理论之一。

熊彼特的创新理论，强调了创新在经济发展过程中的作用，他将创新看成是经济发展的一个最重要的因素，从而突破了传统西方经济学仅从人口、资本、工资、利润、地租等经济变量在数量上的增长来认识经济发展，这是他对经济理论的一大贡献。他指出，创新就是建立一种全新的生产函数，也就是说把一种以前从来没有过的、关于生产要素和生产条件的"新组合"引入生产体系。根据熊彼特的创新理论，创新包括企业家对产

---

① 陆地、高菲：《我国建立公共电视的总体思路、模式和路径》，《声屏世界》2005年第8期。

② 石长顺、向培凤：《公共电视与公共领域的建构》，《现代传播》（《中国传媒大学学报》）2006年第5期。

品、技术、工艺、组织和市场的开拓与控制，渗透在社会的各个领域。

随着科技的进步，科学技术在经济发展中所起的作用越来越大，熊彼特的"创新理论"也越来越受到西方学者的重视，在创新理论基础上所产生的"技术创新经济学"和"制度创新经济学"已成为西方经济学的重要学派。①

之后，创新理论被广泛应用于社会生活的各个方面，无论是企业经营还是国家治理，都离不开创新，创新理论的广泛应用也提高了人们对创新本身的关注和认识，通过不断创新寻求更好的发展。

2. 创新传播

本书从传播学的视角切入，进行农业传播创新的探讨，因此需要首先对传播做一个定义。总的来说，学界最流行的定义一共有六种。

第一是劝服范式。卡尔·霍夫兰（Carl Hovland）在"劝服"研究中通过控制试验以问卷调查法考察传播对受众态度改变和认知方面的影响，② 提出传播是传播者通过传递信息影响受者的过程。"劝服"突出了传播者的主观动机，强调传播效果，但忽略了一些不带劝服倾向的传播现象，如天气预报。

第二是传递范式。"传递说"认为传播是从发出者到接收者的讯息传播过程或行为，讯息通过渠道传输，受到噪音干扰，被发出和被接收。该范式强调传播是一种经过各种环节含诸项要素的完整的过程。③

第三是符号互动范式。符号互动理论由芝加哥学派的代表赫伯特·布鲁默（Herbert Blumer）提出，由唐·F. 福尔斯（Don F. Faulse）和丹尼斯·C. 亚历山大（Dennis C. Alexander）在《传播与社会行为：一种符号互动的视角》一书中引入传播学研究。该书指出，传播是"由参与者

① 刘奇：《对熊彼特创新理论的初探》，《经营管理者》2010 年第 21 期。
② 王颖：《传播效果的发生范式及其嬗变对我国当代传播学的启示》，陕西师范大学硕士学位论文，2015 年。
③ 参见许静编：《传播学概论》，清华大学出版社、北京交通大学出版社 2007 年版，第 6 页。

间不同程度地共享意义和价值而导致的符号行为"①。该理论关注媒介在构建受众现实生活中的呈现和介入，关注对话与共享。

第四是刺激反应范式。该理论认为传播是一个有机体对于某种刺激的各不相同的反应。人们无论接受外在或内在刺激，都要经过其人格、价值观、知识、信仰和态度的过滤，从而使它有意义。刺激反应说一方面强调人类传播赖以发生的生理心理基础；另一方面则突出强调个体差异。②

第五是社会关系范式。这一理论的代表人物是美国社会学家库利，他在1909年出版的《社会组织》中，给传播定义为："所谓传播就是人与人关系赖以成立和发展的机制，就是一切心灵符号，加上在空间里传达这些符号，以及在时间里保存这些符号的手段。传播手段包括面部表情、态度和姿态、声调、语词、文字、印刷术、铁路、电报、电话以及其他一切最新的征服空间和时间的成就。"③

第六是系统范式。该学说认为传播总是在一定的系统内部及系统之间发生的。人类社会本身就是一个复杂的社会系统，包含着各种层次的传播系统活动。个人也是一个不断接受内外在刺激，进行相应的信息处理并作出反应的微观的传播系统。在个人和社会传播之间，存在着人际、群体、组织及大众传播等不同层面的中观和宏观的传播系统。各个传播系统之间相互影响、相互依赖，共同维持了社会传播系统的正常运转和向前发展。④

---

① Don F. Faulse, Dennis C. Alexander, *Communication and social behavior: A symbolic interaction perspective*, Addison-Wesley Pub. Co., 1978, p. 5.

② 参见许静编：《传播学概论》，清华大学出版社、北京交通大学出版社2007年版，第7页。

③ Chaeles Horton Cooley, *Social Organization*, *Transaction Publications*, New Brunswick, New Jersey, 1983, p.61.

④ 许静编：《传播学概论》，清华大学出版社、北京交通大学出版社2007年版，第8页。

### 四、大众传播与分众传播

本书主要是把农业传播放在公共传播的理论视域下探讨农业传播创新，既涉及比较宏观的大众传播领域，也涉及分众传播的部分。

#### 1. 大众传播

20 世纪四五十年代，随着美国政治竞选和战时宣传的需求渐强，美国军方和政府广泛运用大众传播媒介进行宣传，大众传播的理论开始兴起。该概念第一次出现在洛克菲勒基金会社科部主管马歇尔写给拉斯韦尔（Harold Lasswell）的信中，后拉斯韦尔用"5W"模式分解了这个概念的组成部分，即传播者、传播内容、传播渠道、受众与传播效果。1945 年 11 月发表的联合国教科文宪章将"大众传播"定义为："特定社会集团，利用报纸、杂志、书籍、广播、电影、电视等大众媒介向社会大多数成员传送消息和知识的过程。"[①] 在总结前人的定义以后，英国著名传播学家丹尼斯·麦奎尔（Denis McQuail）给"大众传播"的定义为："由专业化的机构和技术组成，利用技术设备为大量的、异质的、广泛分散的受众来传播象征性内容的活动。"[②] 对此概念，国外的学者基本没有大的分歧。

在我国，中国人民大学新闻学院院长郭庆光认为大众传播是专业化的媒介组织运用先进的传播技术和产业化手段，以社会上的一般大众为对象而进行的大规模的信息生产和传播活动。[③] 北京大学周庆山教授的定义则为："由组织化的传播机构及其专业人员通过技术性传播媒介向人数众多、各不相同而又广泛分布的受传者传播信息的社会过程。"[④]

从以上的理论总结可知，大众传播的特点一共有三个要素：首先，传播的主体是一个组织，且拥有专业的技术人员和技术手段；其次，信息传

---

① 廖秋红：《当代传播环境中"大众传播"概念再探讨》，《新闻爱好者》2008 年第 12 期。

② ［英］丹尼斯·麦奎尔：《麦奎尔大众传播理论》（第五版），崔保国、李琨译，清华大学出版社 2010 年版，第 45—46 页。

③ 参见郭庆光：《传播学教程》，中国人民大学出版社 2011 年版，第 111 页。

④ 周庆山：《传播学概论》，北京大学出版社 2004 年版，第 89 页。

播的渠道是运用现代传播技术的公众性的媒介；最后，传播的受体是不确定的为数众多的社会个体。本书研究的以 CCTV-7 农业频道为例的农业传播符合大众传播的以上三个要素，因此属于大众传播的研究的范畴。同时，农业频道又有特定的受众对象，因此我们引入了分众传播的理论。

### 2. 分众传播

随着信息传播技术的飞速发展和互联网的逐渐普及，细分受众领域的传播越来越能够在技术上得到实现。"分众"（Demassify/Demassification）理论最早由美国著名未来学家阿尔文·托夫勒（Alvin Toffler）提出，他指出分众是新媒介体系的特征。[①] 目前，在我国学者对分众传播所下的定义中，流传度较广、认同度较高的是清华大学教授熊澄宇的概括："分众传播的概念是指不同的传播主体对不同的对象用不同的方法传递不同的信息。从接受者的角度，是各得其所，各取所需。不同的媒体形态，不同的传播内容，不同的受众需求，不同的环境和场合决定了分众传播具有最佳的传播效果。"[②]

相对于大众传播来说，分众传播的目标、方向性和交互性更强，它的产生离不开大众传播技术的发展，但在分众传播中，传播者可以是个人，而且更多的是利用先进的计算机数字技术和网络技术，针对固定人群进行有限的信息传播。一般的大众在根据某种属性进行划分以后，就成为一个特殊的受众群体，即为"分众"。

窄众传播和精准传播两个概念常常和分众传播一起提出，但前两者在广告学领域运用较多，首先在营销领域发展起来，在学界内还没有明确的定义。因此本书采用"分众传播"的概念。而本书主要研究的农业传播在受众上有明确的限定，即户籍在农村，或者是一年中有大部分时间生产生活在农村的受众。农村受众在受教育程度、收入水平、信息化水平和消

---

① ［美］阿尔文·托夫勒:《未来的冲击》，蔡伸章译，中信出版社 2006 年版，第 221 页。

② Lazarsfeld, P. F., The Election is Over, *Public Opinion Quarterly*. 1944a, 8（3）.

费水平等方面都与城市受众不同，但在我国大力进行信息化建设的背景下，农业传播已经成为分众传播的一个重要领域，结合新媒介技术的飞速发展和媒体融合的趋势，为农业传播设计创新思路也是传播学理论领域发展的必然要求。

### 3. 二级传播理论

20 世纪 40 年代，国外学者对政治宣传的研究中意识到由于受众和传播信息间的差异。1940 年拉扎斯菲尔德和贝雷尔森等人在美国俄亥俄州伊里县就总统竞选宣传进行了调查，并把调查结果汇集出版为《人民的选择》一书。该研究发现，选民的态度在很大程度上受那些接触媒体多、热衷选举和关心政治的人的影响，这些人被称为"舆论领袖"或"意见领袖"。在乡村中，人际传播的作用远大于大众传播的效果。这种由"大众传播"、"舆论领袖"和"受传者"构成的传播过程，被称为"二级传播"。①

自二级传播理论提出以来，学界将其运用到更多的实际案例研究中，并对其进行了多次补充与完善。美国学者多伊奇曼和达尼尔森通过新闻调查，得出大众传播效果大于人际传播的结论。而传播学者格林巴克在 1963 年对肯尼迪总统被暗杀事件的调查结果是受众通过媒介和人际接收到的消息各占一半，而跟随者中还有"次舆论领袖"的存在，实际的传播活动是多级的。

二级传播理论和此后发展出来的多级传播理论强调大众传播中意见领袖的作用，运用在分众传播和农业传播的研究领域，则可以让研究者针对农民中率先接受新政策和新技术的一部分人制定更精准的传播战略，对本书建议措施的提出能起到理论支撑的作用。

### 4. 使用与满足理论

在二级传播的研究之后，到 20 世纪 50 年代，研究者不再局限于对传播效果的研究，而是开始关注人们用媒介做了什么。1974 年，卡茨

---

① 杨大勇、王祖爵、程旭兰：《二级传播理论初探》，《河南职技师院学报》2001 年第 6 期。

（Elihu Katz）等人在《人际影响：个人在大众传播中的作用》一书中提出使用与满足理论。① 该理论认为受众能按照自己的主观动机对传播内容作出选择，他们自由选择媒体内容是为了满足自己的需要。该理论标志着大众传播研究的重点转向受众，带有强烈的功能主义色彩，研究方法采用了实证主义的定量研究。但是使用与满足理论存在许多研究缺陷，例如如何定义和测量"主动性"以及忽略了政治经济结构对于媒介的影响。

此后，一些学者运用使用与满足理论对电视传播领域的受众需求做了实用性研究。1972 年，麦奎尔等人针对受众的电视收视行为，总结出受众收看电视的根本动机。

作为大众传播领域中一个适用性广泛的理论，使用与满足理论的重点在于分析受众如何使用媒介来满足自己的社会与心理需求，应用到农业传播领域，则可以分析受众收看电视频道的根本动机，突破"发展"和"现代化"的社会背景主导思考框架，从受众的角度入手，从更为本质的意义上理解农业传播。因此，这一理论也是本书问卷调查和访谈调查的理论基础。

5. 创新的扩散理论

创新的扩散理论起源于 1943 年美国社会学家瑞安（Bryce Ryan）和格罗斯（Neal Gross）进行的艾奥瓦杂交玉米种研究。1962 年，美国传播学者罗杰斯（Everett M. Rogers）在该研究的基础上，研究了农村对农业新技术的采纳和普及过程，发表了《创新和普及》（Diffusion of Innovations）一文，这是传播学领域涉及农业传播最经典的理论。

该理论认为大众传播过程分为信息传递过程的"信息流"和作用效果波及过程的"影响流"。"信息流"的扩散经过"一级传播"可以到达受众，而"影响流"的扩散则需要"N 级传播"。农业新技术在推广的过程中，其扩散效果呈 S 型曲线。随着农业新技术的出现，采用新技术的农

---

① 参见［美］伊莱休·卡茨、保罗·F. 拉扎斯菲尔德：《人际影响：个人在大众传播中的作用》，张宁译，中国人民大学出版社 2016 年版。

民由少到多，但开始的速度比较慢，随着采纳新技术的农民数量达到一定临界值时，农业新技术的推广速度加快，直至采用新技术的人数达到高峰后，又逐渐衰减，被新的技术取代，开始新一轮的创新与扩散。

在创新的扩散理论基础上，本书可以从中国农村特定的政治、经济和技术环境着手分析农业传播中涉及农业技术的部分在农村中的推广过程以及农民采纳和使用媒体融合创新性传播产品的特点，考察农业传播创新农业村发展的实际意义。因此，创新与扩散理论是本书农业传播创新性研究的理论基础。

## 第四节　相关研究综述

### 一、国内研究现状

国内学者对农业传播的研究主要集中于以下四个方面：我国农业电视节目现存的问题、影响农业传播发展的因素、农业节目摆脱当前传播困境的对策以及农业传播创新发展的构想。

#### 1. 我国农业电视节目现存的问题

传统的农业电视节目无法满足受众分化的需求。现有研究成果在农业电视传播受众的问题上持有较为一致的观点，认为农业传播的受众不仅包括广大农民，还包括各类关心和从事农村建设和发展的人群。农民作为最主要的传播对象已经出现了明显的分化，而农业节目却没有据此进行针对式调整。"就农言农"仍是主流，而与农民息息相关的一些非农问题却被忽视。此外，一些学者指出，受到传播流动性的影响，城市农民工的需求也亟待重视。

节目内容定位错乱。研究者认为农业电视节目普遍存在"重行政轻市场"、"重领导轻民生"、"重娱乐轻科技"等问题，[①] 导致与"三农"

---

① 项仲平：《发展中国家对农广播电视节目概况与探究》，《中国广播电视学刊》2010年第2期。

有关的政策信息得不到及时解读，农民致富有益的市场信息得不到广泛传播，科学的农业技术得不到有效扩散。农民收入是解决"三农"问题的核心，在传播农产品种植技术以增加农民收入的同时，农业节目应该充分考虑农民非农收入方面的相关问题，促进农民收入的持续增长。在城乡互动的大背景下，农业节目要摒弃"就农言农"的思路，适应"三农"发展的新需求，成为"三农"发展的助推器。

商业化对农业电视传播形成强烈冲击。农业电视节目具有很强的公共性，与一般的电视节目不同，农业节目承担着普及农业知识、宣传农业政策、提供城乡交流平台等重要使命。但是随着市场经济的发展和传媒产业大环境的变化，电视媒体已被逐渐纳入产业化体系，商业价值成为衡量电视节目成功与否的重要标准。许多研究者指出农业节目被边缘化与其创收能力低、效益回报慢有关。

除此之外，对农业节目现存问题的研究还集中在农村网络电视覆盖率较低、农业节目内容少时间短、农业电视节目形式单一以及选题和内容与现实脱节等方面。

## 2. 影响农业传播发展的因素

马池珠在《基于受众中心的农业电视传播体系研究》中指出城乡二元结构是农业电视节目发展阻滞的根本原因，这一原因也被许多研究者认为是影响农业电视节目发展最重要的因素。[①] 从传媒经济学角度分析，二元市场是传媒经济学的重要概念，广告主通过为传媒组织提供巨额的广告费用购买消费者的注意力，同时媒介组织必须生产出优质的传媒产品以吸引受众。由于城市受众的购买力远高于农村受众，利益的天平在媒体领域也同样倾向了城市受众，农业电视节目日益被边缘化。

一些研究者把视线转向受众的角度，农民话语权的逐渐丧失是导致农

---

① 马池珠:《基于受众中心的农业电视传播体系研究》，华南师范大学博士学位论文，2006 年。

业传播失语现象产生的又一重要原因。话语权的丧失一方面体现为农业电视传播在整体电视传播中所占比重小；另一方面则体现在农业电视传播中农民群体无法成为真正的信息源。记者从事"三农"报道经常需要深入广大农村，由于他们在与农民的沟通上存在许多困难，因此多通过采访领导的方式来获得二手信息，导致农民自己的声音无法得到传播，同时也无法对媒体传播的信息作出及时有效的反馈。

从传播者的角度分析，现有研究普遍关注到了电视人具有的"精英意识"（Elite Consciousness）对农业传播产生的重要影响。电视人更乐意向处于社会强势地位的受众群体提供信息，而广大农民的信息需求则被忽略。[1] 由于拥有农村生活和工作经验的媒体从业人员越来越少，导致电视媒体很难深层次、全方位、零距离地接触广大的中国农民和不断发展的中国农业。李升科在其研究中尖锐地指出，农业电视节目萎缩的心理症结是媒体人乃至全社会的权贵化取向，生活在城市里的电视媒介普遍以一种居高临下的姿态俯视农村。媒介与农民的不平等关系导致的严重后果是，进一步加深了农民的自卑心理。[2] 陈小娟在《制约农业电视传播的原因分析》一文中指出，农业频道内部员工存在制作主体身份认同危机和角色冲突，在行动中表现出对农业传播的漠视、服务意识不强以及对节目创作缺乏热情。[3]

研究者对传媒组织（这里指农业传播频道和制作农业传播节目的电视台）本身制约农业传播发展的分析主要集中在三个方面：一是经营管理机制缺乏创新，二是节目制作能力差，三是电视台对经济效益的片面追求降低了农业电视市场的供给能力。当前农业电视媒体的经营体制的普遍

---

[1] 李岭涛、姚远：《让农民看什么——我国对农电视市场供给状况分析》，《中国广播电视学刊》2010 年第 12 期。

[2] 李升科：《权贵化取得：对农电视节目萎缩的心理症结》，《中国传媒大学学报》2006 年第 1 期。

[3] 陈小娟：《制约农业电视传播的原因分析》，《大连海事大学学报》（社会科学版）2013 年第 1 期。

不够完善，成为制约农业传播发展的一个主要壁垒。

### 3. 农业节目摆脱当前传播困境的对策

针对农业节目现存的问题，许多专家学者从不同角度提出了摆脱当下传播困境的对策。马梅在《中国农业电视传播发展研究》一书中指出，首先必须肯定农业节目的公共性，以此获得政府支持，同时要注重制度的创新和优秀人才的引进。[①]

一些学者认为，完善农业电视的评价机制对于农业传播的发展至关重要。董松玲在《社会转型期农业传播的现代化构建》一文中提到，农业节目应该是不以盈利为单一目的，不能单纯以收视率来决定存在与否。[②]李岭涛、姚远在《让农民看什么——我国对农电视市场供给状况分析》一文中提出了更为详细的解决方案：引入网络影响力评价体系，从而畅通农民参与和评价电视的渠道，提高与农民互动的质量。[③]

项仲平、杜海琼在《论对农电视节目存在的问题与创新对策》中提出要建立从中央到地方的合理的农业传播体系，层层管理，层层监控，实现政策扶持和措施执行的无缝对接。[④]罗钟炉在《谈谈对农电视节目的几个问题及建议》中同样提到，在农业情况复杂的中国，要办好农业节目必须结合各地的农业实际，因此在重视中央和省级农业频道发展的同时，必须大力支持县级台做出有针对性、实用性、贴近性的农业电视节目。[⑤]

强化农业传播的互联网思维也是许多研究者关注的共同点。刘恒鑫和李海礁在研究中指出，在新媒体迅速发展的时代背景下，电视媒体需要强

---

[①]　参见马梅：《中国农业电视传播发展研究》，中国电影出版社 2010 年版。

[②]　参见董松玲：《社会转型期农业传播的现代化构建》，《当代电视》2013 年第 12 期。

[③]　参见李岭涛、姚远：《让农民看什么——我国对农电视市场供给状况分析》，《中国广播电视学刊》2010 年第 12 期。

[④]　参见项仲平、杜海琼：《论对农电视节目存在的问题与创新对策》，《中国广播电视学刊》2009 年第 10 期。

[⑤]　参见罗钟炉：《谈谈对农电视节目的几个问题及建议》，《新闻战线》2015 年第 21 期。

化互联网思维，拓展节目传播途径，实现网络视频、手机、移动电视和 APP 下载等全媒体传输。同时利用以大数据为基础的收视分析指导节目创作。①

此外，一些学者还提出了建立交叉补贴制度、优化人才引进和培养机制、保持农业节目的"农"味等建议，以解决当前农业传播过程中出现的诸多问题。

### 4. 农业传播创新发展的构想

研究者对农业节目未来的发展普遍持积极态度，许多研究者不约而同地把农业电视节目的发展放到媒体融合的理论视域之下，力求借"互联网+"的东风将农业节目发展成为融内容制作、信息渠道、产业平台为一体的新型媒介。

研究过程中发现，湖北荆州网络电视节目垄上频道《垄上行》栏目成为许多研究者关注的重要个案。研究指出，《垄上行》的服务功能远远超出单纯的电视媒体功能。许多研究者分析，《垄上行》为中国农业节目的制作和产业化经营闯出了一条新路，值得所有农业宣传节目参考借鉴。甚至有人说这也是中国农业节目未来的发展方向。也就是说，可以通过农业传播频道和农资市场信息进行有效结合，以全产业链方式服务"三农"的途径。

金震茅在《媒介融合环境下对农电视节目的传播现状、特点及其前瞻》一文中更加详细地指出，媒体融合将催生农业服务的新内容，精准立体服务和营销服务将成为农业服务的重点，实现栏目与产品销售的双赢。②

从研究方法上来看，现有研究绝大多数停留在经验总结和理论分析的

---

① 参见刘恒鑫、李海礁：《用好大数据，农业节目准备好了吗》，《当代电视》2015年第12期。

② 金震茅：《媒介融合环境下对农电视节目的传播现状、特点及其前瞻》，《声屏世界》2015年第5期。

层面，而基于实证调查和采取量化方法进行的研究相对较少。在可查阅的资料中，最早进行农业广播电视调查的是1987年阮观荣发表的《中宣部、广播电影电视部联合调查组开展不发达地区农村广播电视调查》一文。①近年来，量化方法日益受到研究者的青睐，越来越多地采用科学研究方法的相关论文涌现出来，如陈旭鑫的《着力提升农业类电视节目的品牌影响力——基于江西省农村收视情况的实证调查》②，马慧茹的《新农村建设视野下电视对农传播受众探析——基于山东省农村电视收视状况的调查》③ 等。

5. 对CCTV-7农业频道的研究

以"CCTV-7"为关键词并含"农业"进行搜索，共得到164篇期刊文献，6篇硕士文献，在总数上是相对较少的。其中164篇期刊文献，从2001年第一篇相关文献发表到2015年，涉及的文献发表时间和数量分布如图0-1所示，在2008年以后，相关文献数量有了大幅增长。

对该主题的研究资料主要来自中国农业电影电视中心、中央电视台和中国传媒大学三家单位。

通过对文献的分析发现，真正进行学术研究的不到三分之一。早期的研究大多介绍农业频道的相关栏目（如《"农广天地"电视节目介绍》，周潇，2008年），从2010年开始，研究重点逐渐转向农业频道电视节目的发展，以孙玉林2010年发表在《东南传播》上的《农业电视节目发展探析》为代表，这篇文献以CCTV-7为例分析中国农业电视节目发展的现状、原因、存在的问题以及解决的对策。此外，被引用频次较多的还有肖艳艳2010年发表在《新闻前哨》上的《我国涉农电视节目贴近性探

---

①　阮观荣：《中宣部、广播电影电视部联合调查组开展不发达地区农村广播电视调查》，《中国广播电视学刊》1987年第2期。

②　陈旭鑫：《着力提升农业类电视节目的品牌影响力——基于江西省农村收视情况的实证调查》，《江西农业大学学报》（社会科学版）2008年第4期。

③　马慧茹：《新农村建设视野下电视对农传播受众探析——基于山东省农村电视收视状况的调查》，山东大学硕士学位论文，2009年。

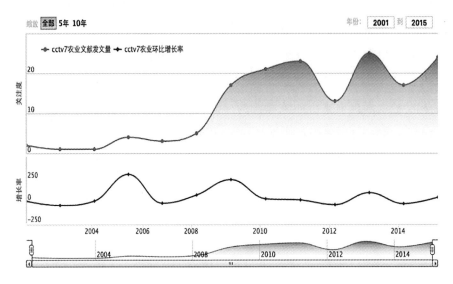

图 0-1　文献数量增长图示

究——以 CCTV-7〈聚焦三农〉栏目为例》、王晓红 2015 年发表在《电视研究》上的《谈农业节目差异化发展策略——以 CCTV-7 农业节目为例》。随着新媒体技术的发展，一些研究者近年来也开始关注大数据和电商在农业频道的应用，但是相关论文数量极少，比较有代表性的是刘恒鑫和李海礁 2015 年发表在《当代电视》上的《用好大数据，农业节目准备好了吗》。

不难看出，对 CCTV-7 农业频道的相关研究数量非常少，其中真正了解 CCTV-7 农业频道发展现状的少之又少。只有极个别的文献能够较为全面地剖析农业频道存在的问题，但如何把其发展与新媒体大势相结合，如何实现突破和创新，相关研究更是凤毛麟角。这也给本研究提供了广阔的伸展空间。

## 二、国外研究综述

笔者在国外的 ProQuest 数据库、Sage 数据库、ISIWebof Knowledge 数

据库和 SSCI 数据库中检索农业传播的文献，先后以"Agriculture commu-nication"、"Agriculture TV"、"Farm TV"为关键词、摘要和标题进行检索，没有查到相关文献。随后，笔者再以"Agriculture/Farm"和"Television/Mass communication"为关键词、摘要和标题进行搜索，查到论文 300余篇，但极少有跟电视农业传播相关的。而在亚马逊、Google 搜索引擎上对以上关键词进行搜索，也没有专门的书籍对国外的电视农业传播进行论述，只有一些对美国和其他国家农业电视台的相关介绍。

通过扩大搜索范围，检索"Information communication technology"（ICT）和"Agricultural"，笔者检索到了对美国、马来西亚、伊朗、孟加拉国、尼日利亚、土耳其、印度和韩国的相关研究。其中，马来西亚和印度等发展中国家的农业传播较为贴近中国的现实情况，且研究成果较新，很有借鉴意义，因此笔者对其作出了相应的总结。

## 1. 电视在农村的使用

目前的研究主要集中于研究信息通信技术（ICT）在农村的使用，而较少单独针对电视节目进行研究。其中，Getnet. E 等人（2001）通过对埃塞俄比亚哈拉玛雅地区（Haramaya）、凯尔萨地区（Kersa）和梅塔地区（Metta）的 210 名生产商进行调查，采用描述性统计和二元逻辑回归模型分析数据，发现这些地区使用 ICT（包括移动电话、广播、电视）的人数占 63.8%。模型结果表明，年龄、教育、信息需求和受训练程度是是否使用 ICT 的决定因素，而网络、电力、语言和信息来源则是使用 ICT 的挑战。为使农民们能更好地接触移动电话、广播和电视，政府需要促进成人教育与培训，加快基础设施建设，保障电力需求。

此外，在针对印度的研究中，Das，B 通过实证研究和 NSSO（国家样本测量组织）的数据分析发现，印度有 11.4% 的农民使用至少一个信息通信技术（ICT）来源来获取信息，而在广播、电视和报纸中，广播是最重要的信息来源。就农场规模而言，在越大型的农场里，农民越会使用 ICT 进行农业信息的访问。农民使用 ICT 获取农业信息的概率还与其教育水平、接受正规农业训练的程度有关。该研究强调了锻炼农民使用 ICT 的重要性。①

### 2. 农业电视节目的作用

目前关于农业电视节目作用研究较多，具体可分为提供农业信息、农民教育以及农民自我认知三方面。

在提供农业信息方面，由于孟加拉国大约有 50% 的人口直接或间接从事农业的基础工作，农业生产值占国内生产总值的贡献率为 18.70%，因此能否为农民提供正确的农业信息至关重要。Alam，M. K 等人对杜尔加布尔拉杰沙希（Durgapur Rajshahi）地区的三个村庄进行调查，发现电视是当地最受欢迎的媒体，农民对电视频道的依赖也相当强，说明电视传播在孟加拉国的农业传播中起着重要的作用。②

同时，Ramli，N. S 等人通过定量研究，对马来西亚农民对电视农业信息的满意程度进行了测试。作者对马来西亚西部的吉打州和雪兰莪州（the State of Kedah and Selangor）农民进行访谈和问卷调查，发现这两个州的农民对电视上与农作物和畜牧业相关的农业信息满意程度很高，为生产商的信息发布提供了参考。③

此外，Yahaya，M. K 等人针对两个尼日利亚长期播放的农业节目，对 198 个农民进行调查，结果显示这两个农业节目对于提高农业产量都有积极作用，但是在评分时，广播农业节目比电视农业节目得分更高。④

---

① Das, B. Icts adoption for accessing agricultural information: evidence from indian agriculture. *Agricultural Economics Research Review*, (2014) 27 (2).

② Alam, M. K & Haque, M. A, Contribution of television channels in disseminating agricultural information for the agricultural development of bangladesh: A case study. *Library Philosophy & Practice*, 2014.

③ Ramli, N. S, Hassan, S, Samah, B. A, Ali, M. S, Azaharian, Z. S & Shaffril, H. A. M (2013). Satisfaction received towards agricultural information from television programs among farmers. *Journal of Social Sciences*, 9 (2), 48-53.

④ Yahaya, M. K & Badiru, O. I (2001). Measuring the impact on farmers of agricultural radio and television programs in southwest Nigeria. *Journal of Applied Communications*, 86, 24-36.

而在农民教育方面，Mohammad Reza Nazari 和 Md Salleh Bin Hj Hassan 设计了一项评估电视农业民教育作用的实验。该研究随机抽样了伊朗科吉卢耶-博韦艾哈迈德省（Kohgiluyeh va Buyer-Ahmad）的 165 个农民进行问卷测试。作者首先给农民播放一个如何对抗农业害虫的电视节目，随后测试参与者在观看节目前后的知识储备变化。通过量化测试，作者发现，农民对于农药的知识量由 3.73 增加到 6.26（p<0.001），说明电视能够对农民起到有效的教育作用。①

此外，Kursat Demiryürek 等人发现，由于缺乏基础设施、人员设备和金融支持，发展中国家的农村人口接受的正规教育十分有限，农民无法了解农业技术的创新发展。研究指出了农村地区远程教育的重要性，并陈述了土耳其在农村远程教育方面的经验，其中包括推广电视教育节目、发放印刷材料、组织农村居民进行小组讨论等。研究特别指出，在远程教育项目结束后，需要通过农业电视节目的播放来持续支持这一项目。②

最后，在农民自我认知方面，韩国 Hossain，M. D 等人通过对互联网协议电视（IPTV）对农业和市场的影响的研究分析，基于刺激—机体—反应（Stimulus-Organism-Response）框架探讨了媒体技术和周围环境对观众认知和情绪的影响。在对 254 个样本的分析中调查者发现，IPTV 的交互性、易用性和感官亲和性能够让观众积极地放松和享受，而受众对农业信息的接受度又和观众的情感状态密切相关。因此，利用 IPTV 可以使农产品企业所有者更有效地在和农民的互动中推动企业向前发展。③

### 3. 农业传播存在的问题

目前针对农业传播存在问题的研究，大多从受众角度进行分析。其

---

①　Nazari, M. R & Hassan, M. S（2013）. The role of television in the enhancement of farmers' agricultural knowledge. *African Journal of Agricultural Research*（4），931-936.

②　Kursat Demiryürek &Tecer Atsan（2015）. Distance education through television for farmers in developing countries：the case of turkey. *Anthropologist*, 21（3），374-379.

③　Hossain, M. D, Jin, K. K, Lee, J. Y & Kim, K. J（2012）. Impacts of cognitive media attributes and motivation on iptv adoption：Exploring the moderating effects of agricultural information. *Information Development*, 28（4），300-315.

中，Ramli，N. S 等人在马来西亚半岛的四个州中随机抽取 400 名农民，通过问卷调查和数据分析发现，农民较少通过电视接收信息的原因主要在于闲暇时间不多、缺少看电视的机会，以及农业节目内容同农民喜好分离。①

而 Obidike，N. A 通过对尼日利亚埃努古州恩苏卡（Nsukka local government area of Enugu state）的五个村庄的农民进行问卷调查和走访发现，由于业务人员的缺乏、广播和电视信号的稀缺以及电源的供应不足等问题，电视台在埃努古州无法有效地传递农业信息。同时，在农民获得农业信息的过程中，方言亦是巨大的障碍。研究最后建议尼日利亚联邦政府致力于发展所有农村地区的基础设施建设，以使农民能够随时获得农业信息。②

### 4. 农业传播的发展对策

目前针对农业传播发展对策的研究很少，其中，Goodwin 等人提出，应对农业电视实行传播审查，对目标受众进行专门的适用性测试，以改善农业通信的传播效果，提升电视台的品牌效应。

## 第五节　研究方法、研究思路与研究框架

### 一、研究方法

（1）问卷调查法。问卷调查法也称问卷法，是调查者运用统一设计的问卷向被选取的调查对象了解情况或征询意见的调查方法。③

---

① Ramli, N. S, Hassan, M. S, Samah, B. A, Ali, M. S. S, Shaffril, H. A. M & Azaharian, Z. S (2013). Problems in using agricultural information from television among farmers in malaysia. *Asian Social Science*, 9 (9), 1–11.

② Obidike, N. A (2011). Rural farmers' problems accessing agricultural information: A case study of nsukka local government area of enugu state, *Nigeria Library Philosophy and Practice*, 1–11.

③ 戴文涛：《现代管理科学》，《现代管理编辑部》2014 年第 9 期。

（2）深度访谈法。深度访谈（In-depth interview）是一种无结构的、直接的、一对一的访问形式。[①]

（3）数据分析法。数据分析是指用适当的统计分析方法对收集来的大量数据进行分析，提取有用信息和形成结论而对数据加以详细研究和概括总结的过程。[②]

（4）规范研究法。规范研究通过规范分析所要回的问题是"应当是什么"，规范研究法的主要特点是在分析以前，要先确定相应的准则，然后再依据这些准则来分析判断研究对象目前所处的状态是否符合这些规则。如果不符合，那么其偏离的程度如何，应当如何调整等等。

（5）案例分析法。案例分析法（Case Analysis Method），又称个案研究法，是指结合文献资料对单一对象进行分析，得出事物一般性、普遍性的规律的方法。[③]

## 二、研究思路

本书整体的研究思路是从宏观到重点案例分析，从问题的发现到问题的分析到问题的解决，从实证分析到理论阐释。

首先，对现状进行梳理，主要包括三方面：一是理论基础梳理。主要梳理了公共传播理论，包括传媒的公共性和公共性传媒。同时梳理了创新发展理论，包括创新理论和创新传播。二是国内研究现状梳理。主要通过各类方法对国内的研究现状和实践现状进行梳理。三是国外研究现状梳理。主要对国外典型国家的农业传播政策、栏目定位、传播效果、最新模式等方面的内容进行梳理。通过以上全部材料，得出农业传播的整体认

---

① 吴刚、于文浩、戴丽兰：《基于移动云学习技术的创新创业人才培养模式及应用研究》，《远程教育杂志》2017 年第 4 期。

② 张雄、关长亮、姜新涛、杨驰、冯贺林：《基于某矿山磨矿过程专家系统的应用》，《现代矿业》2015 年第 5 期。

③ 郭上：《我国 PPP 模式物有所值评价研究》，财政部财政科学研究所硕士学位论文，2015 年。

识，形成对本书所面临环境现实的基本认识。

其次，本书将以 CCTV-7 为主要研究对象，通过选择农业电视传播产业链条上重点环节的用户对象，利用问卷调研、重点走访、客观数据等调研方式，寻求 CCTV-7 在新的政策环境、新的技术推动和新的用户需求下存在的问题和成因。

最后，围绕农业传播中"农业政策解读者"、"农业科技推广传播者"和"民生新闻的关注者"这三个核心内容定位，提出未来 CCTV-7 的发展创新之路。

## 三、研究框架

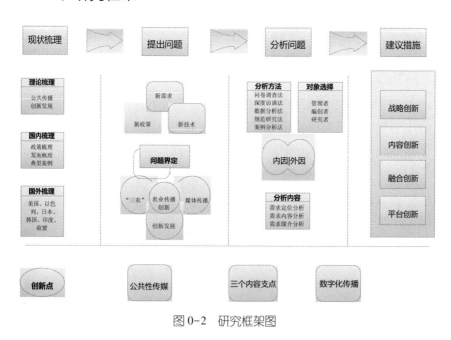

图 0-2　研究框架图

## 第六节　研究的主要创新点

本书以问卷调研数据和用户行为调研数据为基础，结合重点访谈的专家智慧，运用问卷调查法、深度访谈法、数据分析法、规范研究法和案例分析法，基于实证分析和规范的理论研究，对我国电视农业传播的现状进行梳理分析，从农业传播的内容、受众收视与需求分析以及频道运营等几个方面，对农业传播进行了全面系统的梳理和分析，深入分析存在的主要问题，提出了有针对性的解决措施。

本书基于公共传播理论，将农业传播置于公共传播理论视域下展开研究，提出建构农业公共传播体系，建立公共传播制度。为我国农业传播的公共传播制度的建立提供理论支持和理论阐释，并以此进一步丰富了公共传播理论。

根据电视农业传播在内容方面存在的问题分析，提出农业传播的三个核心内容支点应该是农业政策的解读和传播、农业科技的推广和普及以及农村民生新闻的关注和报道。在国内创新性提出这三个方面内容应该成为电视农业传播的核心内容。

在互联网和数字化背景下，农业传播应该加强全媒体的发展，最重要的是把农村网络化工程与全媒体发展结合起来，加强农业科技数据库和农产品品牌数据库、用户数据库等的建立，尤其是完成信息流与物流的整合。既要完成农业传播本身承担的信息传递的功能，同时又要完善农村网络化工程建设，以此来拉动农产品品牌的建构和促进农产品的销售，从而使农业传播的信息流与农产品物流完美结合。

# 第一章　我国电视农业传播的基本状况分析

当今社会的变化非常大，无论人们的衣食住行还是家乡观念、文化环境都在快速变化之中，既重塑了农村社会发展的辙印，同时也加速了农村社会群体通过大众传媒来进行自我实现的进程。面对农业多元化信息传播的不对称与不均衡，如何从强化、改善结构性因素和功能性因素入手，提高信息的竞争能力，是信息传播的核心问题，也是农业传播亟须解决的问题。这既需要宏观的理论思辨，更需要通过深入农村的实地调研，获取并提供精准的数据来支持。

为了清晰考察目前我国电视农业传播的现状，了解农村受众的媒体接触情况和农业传播主体的生存和运营状况，我们在本书中基于农业传播的传播主体和传播受众进行整体考量并进行研究的设计与具体实施。

本次调研主要采用了以下几种研究方法：第一，问卷调查法。我们选取了河南省和甘肃省作为调研地点，分别选取两省当中的两个地区作为农业传播受众研究的切入点和典型例证，采用随机抽样和入户调查相结合的方式，共发放问卷 590 份，回收有效问卷 557 份，重点考察农业传播的电视受众对电视节目的接收状况、收视需求等内容。第二，为了使研究视角更为全面和客观，我们对 9 个农业传播电视频道相关负责人做了问卷调查和深入访谈，考察农业传播的传播状况和整体运营情况。这 9 个农业传播的主体分别是：CCTV-7 农业频道、河北农民频道、黑龙江公共农业频道、河南新农村频道、吉林电视台乡村频道、湖北垄上频道、山东农科频道、陕西农林卫视、重庆公共农村频道，基本涵盖了东北、华北、西北、中原等地区传统农业大省。第三，我们根据收集到的数据信息以及深度访谈结果，进行了数据分析，主要使用了内容分析法。第四，在进行数据收集的同时，我们还对目前农业传播的研究现状进行了文献检索和文献梳理，总结目前农业传播的研究问题和可推进的研究方向。

通过我们的调查和分析发现，当前电视农业传播依然存在很多现实问题，集中体现在专业频道资源稀缺、传播内容非专业化、不能完全满足受众需求、运营高度依赖广告等方面。具体内容将在后面的章节详细展开。我们试图探求在建设社会主义新农村和媒介更新迭代的时代语境下，电视农业传播在结构和功能方面的普遍规律，从整体上研究农业传播存在的问题，探索未来发展的方向。这是对以往电视农业传播研究的继承和补充，也为未来的农业传播研究方向提供新的思路。

# 第一节　我国电视农业传播的基本格局

## 一、电视专业频道资源分布

随着社会生活的发展，人们的娱乐活动逐步增多，尤其是近几十年电视发展迅速，特别是电视机技术的提高带来的是电视机价格越来越便宜，功能越来越多，体积越来越轻巧。同时电视节目制作水平越来越精良，电视节目的娱乐功能、教育功能等也都越来越好，对观众的吸引力越来越大，电视逐步成为很多人日常生活的重要选择。

但是在数字技术没有高度发达的时候，电视台的频道资源是有限的，很难承受全部节目容量。尤其是开始执行频道专业化管理制度时，频道资源的紧缺就显得尤为明显，很多专业传播内容都在争夺有限的频道资源，希冀每个专业传播内容都能拥有相对独立的电视频道。因此为了促进电视业的快速发展，国家出台的很多相关政策也在设法助力加快电视的普及。根据《中华人民共和国国民经济和社会发展第十一个五年规划纲要》、

《国家"十一五"时期文化发展规划纲要》、《中共中央办公厅 国务院办公厅关于进一步加强农村文化建设的意见》和《国务院办公厅关于进一步做好新时期广播电视村村通工作的通知》等有关文件，国家发展改革委员会、财政部、广电总局在调研论证的基础上，提出了"十一五"全国广播电视"村村通"工程建设规划，这为农业传播的发展提供了硬件基础。1995年12月中央电视台第七套少儿军事农业频道正式试播。农业传播算是有了自己相对独立的频道（与少儿节目、军事节目共同享有第七套节目）。

## 二、人口覆盖率高与农业频道资源稀缺的错位

基于电视传播的普及性、频道专业化发展诉求和国家对电视农业传播的政策扶持这三点，我国电视农业传播开始起步。随着1998年国家"村村通"工程的推进，让电视开始真正大幅度走向农村基层地区，电视的普及率迅速提高。根据国家统计局2016年发布的最新数据显示，截至2015年年末，电视节目综合人口覆盖率高达98.8%，农村电视节目人口覆盖率也达到了98.3%，农村有线广播电视用户数8250万户，占全国有线广播电视户数的35.0%。[1]

专业农业传播所拥有的频道资源严重稀缺，国家相关部门想方设法解决农业电视节目太少的现状。截至2016年年末，我国共拥有3442套公共电视频道资源，[2] 但与这一状况形成巨大反差的是，农业宣传电视频道只有10个，分别是：CCTV-7农业频道、陕西农林卫视、湖北垄上频道、河北农民频道、黑龙江公共农业频道、河南新农村频道、吉林电视台乡村频道、山东农科频道、重庆公共农村频道、浙江电视台公共·新农村频道等。

---

[1] 中华人民共和国国家统计局，http：//data. stats. gov. cn/easyquery. htmcn=C01。

[2] 中华人民共和国国家统计局，http：//data. stats. gov. cn/easyquery. htmcn=C01。

其中，CCTV-7农业频道和陕西农林卫视是两个上星的频道：中央电视台第七套节目于1995年12月开始试播，是中央级农业传播的平台；陕西农林卫视于2008年开播，收视范围包含了北京、天津、陕西、甘肃、新疆、山西等10个省（市、区）；在全国几千个电视频道资源中是唯一一个面向全国播出落地的专门从事"三农"宣传的频道。陕西农林卫视覆盖人口约5亿，是除中央电视台第七套以外覆盖人口最广泛的农业传播频道。其余8个电视频道均未上星：河北农民频道覆盖人口约1亿，山东农科频道覆盖人口约9800万，河南新农村频道覆盖人口约7500万，黑龙江公共农业频道、吉林电视台乡村频道、湖北垄上频道和重庆公共农村频道平均覆盖人口约3000万（因特殊原因没有调查到浙江电视台公共·新农村频道的数据，下同）。这10个专业的农业传播频道只占总频道资源的0.29%，但这仅有的10个电视农业传播平台却要担负起约占中国人口总量43.9%的农村人口的传播需求，这其中的失衡是显而易见的。

广电网络的延展并没有从根本上改变农业传播的弱势地位，如果放在全国的频道资源来审视，国家在农业传播的布局还没有提到较高的战略位置，相比于全国3000多个频道资源，如此稀少的农业频道资源和大量的农业人口数量是严重不匹配的。专业电视农业传播频道资源的稀缺还意味着农业节目整体播出时长的短缺，放在全国的频道资源来看占比就更加小。专业农业传播频道稀缺，农业传播节目播出时长少，都使得农业传播频道在受众群体巨大的情况下显得捉襟见肘。

我国中部和西部的大部分省市地区，仍然是农业的主产区，农业人口比重大。根据我们在中部地区选取的河南省开封市杏花营镇和西部地区选取的甘肃省兰州市榆中县夏官营镇两地的调研结果，我们可以大致描绘出两个样本地区农村居民的基本面貌：中老年人构成了乡村的常住人口，年轻人大多外出务工，文化水平不高，家庭收入大多为务农所得且收入偏低，这也是中国目前大多数乡村的真实写照。尽管他们构成了中国人口的半壁江山，为中国另外7亿多城市人口提供着大部分的粮食作物，但是留守在农村地区的多是老人和孩子，话语权严重缺失，他们是最不该被忽视，却又经常被以城市人为话语主体的媒介所忽视的群体。另一部分选择外出打工的青壮年群体，虽然接收到了来自城市生活的新鲜话题，但心理上对于和农村生活相关的内容依然有强烈的需求，因为他们关心农业科技的进步、关心家乡的发展、关注他们的父母和兄弟姐妹生活状态。

农村受众作为农业传播信息接收的客体，也是信息解读的主体，从整体上具有区别于其他社会群体的同质性特征，在内部构成方面却又具有各具特色、各有所需的需求特殊性。农村的发展与城市也是息息相关的。城乡之间的边界也在农村城镇化的大背景下日渐模糊甚至消解，这就导致了农村受众的信息接收心理和实际状况既不同于城市中大众传播的状态，也和农村城镇化之前的状态有所区别。农村受众在信息环境里如何进行主体性的建构，也是我们进行农业传播研究需要触及的问题。

电视农业传播的现实处境式微，频道资源极其稀缺，农业节目播出时长有限，这与我国农业大国的基本格局严重不匹配，另一方面农村受众又需要专业农业传播内容，进行主体性建构。这就形成了农业传播的悖论：中国农村人口巨大，农民需要专业的农业传播，但是对农传播频道极其稀缺。因此如何改变我国农业电视频道整体脆弱的现状，真正办好农业传播，发挥传播的作用，促进社会经济的发展，就显得非常重要。

## 第二节　电视农业传播的传播与接收状况

我国农业的主产区集中分布在中部和西部的省市地区，因此中西部地区的农业人口比重较大，专业的电视农业传播频道也主要分布于中西部地区。为了解我国电视农业传播的传播与接收状况，我们对前述的 9 个农业频道进行了问卷调查与深度访谈，并对这些农业传播频道的播出内容进行了内容分析。

另外，我们在本次调研中选取了河南和甘肃两省中的两个以农业生产为主要财政收入来源且具备有线电视入户条件的地区作为本次研究的切入点和典型例证，进行问卷调查：河南省选取的地区为开封市杏花营镇，包含杏花营、大胖等 13 个社区 21 个自然村，共发放问卷 360 份，回收有效问卷共计 343 份；甘肃省选取的地区为兰州市榆中县夏官营镇，共含 10 个社区，发放问卷 230 份，回收有效问卷共计 214 份。两地收回有效问卷合计 557 份，调研小组的成员通过对这 557 份问卷进行统计分析，考察电视农业传播的受众接收状况。

整体上看，我国电视农业传播的内容非专业化、泛娱乐化倾向严重，收视率整体偏低。

## 一、内容的非专业化与泛娱乐化

电视农业传播主体所传播的内容是我们考察农业传播的重点内容之一，根据我们的调查结果，传播内容非专业化与泛娱乐化是其主要特征。

CCTV-7 农业频道作为中央级的农业传播平台，农业节目的设置和农民生产生活较为贴近。表 1-1 列出了该台的主要农业节目内容。可以发现，节目的设置关注农民生产生活和致富科技等方面较多，节目时间安排也比较符合农民受众的实际生活情况。

表 1-1　CCTV-7 农业频道主要农业栏目播出情况

| 栏目名称 | 节目播放时段 | 节目全天占比 | 节目全天时长 |
|---|---|---|---|
| 《致富经》 | 周一至周五 21：17—21：47 | 1：24 | 60 分钟，重播一次 |
| 《美丽中国乡村行》 | 周一至周四 18：05—18：30 | 0.83：24 | 50 分钟，重播一次 |
| 《聚焦三农》 | 周一至周日 22：07—22：32 | 1.25：24 | 75 分钟，重播两次 |
| 《农广天地 A》 | 周一至周五 14：43—15：13 | 1：24 | 60 分钟，重播一次 |

续表

| 栏目名称 | 节目播放时段 | 节目全天占比 | 节目全天时长 |
|---|---|---|---|
| 《乡村大世界》 | 周六<br>18：05—19：30 | 2.83：24 | 170分钟，重播一次 |
| 《每日农经》 | 周一至周五<br>21：47—22：07 | 0.67：24 | 40分钟，重播一次 |
| 《乡村法制剧场》 | 周五<br>18：05—19：00 | 1.83：24 | 110分钟，重播一次 |
| 《农业气象》 | 周一至周日<br>06：00—06：05 | 0.25：24 | 15分钟，重播两次 |
| 《食尚大转盘》 | 周日<br>21：17—22：07 | 1.67：24 | 100分钟，重播一次 |
| 《乡土》 | 周一至周五<br>12：27—12：57 | 1：24 | 60分钟，重播一次 |
| 《乡约》 | 周六<br>21：17—22：07 | 1.67：24 | 100分钟，重播一次 |
| 《科技苑》 | 周一至周四<br>18：30—19：00 | 1：24 | 60分钟，重播一次 |
| 《阳光大道》 | 周日<br>18：05—19：00 | 1.83：24 | 110分钟，重播一次 |
| 《绿色时空》 | 周日<br>14：13—14：43 | 1：24 | 60分钟，重播一次 |

CCTV-7农业频道不论是节目设置时间还是节目内容都与农民生产生活较贴近，但是其他几个省级农业传播主体的情况就并非如此了。表1-2列出了8家省级农业传播频道的主打节目单。8个农业频道的节目以新闻类为主，其余是娱乐综艺类节目、服务类节目和法制类节目。主打节目都是靠频道自制并且和农民的生活相关，包括农村科技知识传播类、"三农"新闻类、农村致富类等节目。但除此之外，还设置了大量的非农业相关的节目内容。

表 1-2 8 家省级农业传播频道的主打节目单

| 频道 | 主打节目 |
|---|---|
| 河北农民频道 | 《农博士在行动》、《老三热线》、《非常帮助》 |
| 黑龙江公共农业频道 | 《帮忙》、《新闻夜航》 |
| 河南新农村频道 | 《9号直播间》、《新农村服务社》、《群影汇》 |
| 吉林电视台乡村频道 | 《家长里短》、《12316新闻眼》、《二人转总动员》、《农村俱乐部》、《先锋剧场》 |
| 湖北垄上频道 | 《和事佬》、《垄上行》 |
| 山东农科频道 | 《农科直播间》、《热线村村通》、《农资超市》、《中国原产地》、《乡村季风》、《快乐生活一点通》 |
| 陕西农林卫视 | 《三农大视野》、《天天农高会》、《致富故事会》、《三农信息联播》、《中国农资秀》、《农村大市场》 |
| 重庆公共农村频道 | 《大律师在线》、《金色热线》、《天天农事通》、《巴渝风》 |

表 1-3 9 个电视农业传播频道节目类型占比

| 播出频道 | 总节目数量 | 农业相关节目占比 | 剧场类节目占比 | 综艺娱乐类节目占比 |
|---|---|---|---|---|
| CCTV-7 农业频道 | 14 | 10/14 | 0/14 | 4/14 |
| 河北农民频道 | 6 | 2/6 | 2/6 | 2/6 |
| 河南新农村频道 | 13 | 3/13 | 2/13 | 8/13 |
| 黑龙江公共农业频道 | 6 | 2/6 | 2/6 | 2/6 |
| 吉林电视台乡村频道 | 10 | 3/10 | 3/10 | 4/10 |
| 湖北垄上频道 | 9 | 4/9 | 3/9 | 2/9 |
| 山东农科频道 | 18 | 7/18 | 4/18 | 7/18 |
| 陕西农林卫视 | 13 | 7/13 | 3/13 | 3/13 |
| 重庆公共农村频道 | 8 | 4/8 | 2/8 | 2/8 |
| 平均值 | 10.8 | 42.0% | 24.0% | 34.0% |

　　表1-3和图1-1列出了9个电视农业传播频道的各节目类型占比，节目类型主要分为三大类：第一类是与农业相关的节目，包含农业新闻类节目；第二类是剧场类节目，播放电视剧等内容；第三类是综艺娱乐类节

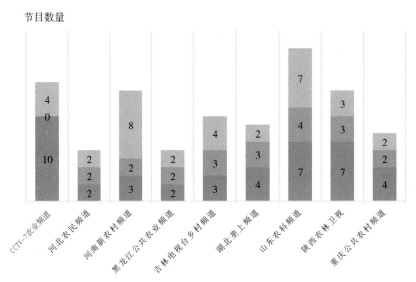

节目数量

节目数量柱状图

■农业相关节目 ■剧场类节目 ■综艺娱乐类节目

图1-1　9个电视农业传播频道节目类型占比柱状图

目。电视农业传播频道的节目设置中，与农业相关的节目平均占比仅为42%，剧场类节目平均占比24%，综艺娱乐类节目平均占比34%，非农业相关节目的累计占比达到58%。这说明电视农业传播频道的专业性意识并不强。除CCTV-7农业频道和陕西农林卫视以及山东农科频道外，都设置了大量的娱乐类和剧场类节目，跟农业传播真正相关的大多也是农业时政类的新闻栏目，频道的内容设置存在非专业化与泛娱乐化的取向，这和其他的商业频道的定位并没有作出本质上的区分。

　　另一方面，各农业频道收视率排名靠前的节目和其主打节目是相吻合的，即主打节目的收视率排名都靠前。非主打节目基本上都是靠购买或交换而来的电视剧或综艺娱乐节目，而且非主打节目占据了大量的播出时长，但并不是该频道收视率的主要贡献者。这就说明了农业频道的受众希望从该类型频道获取的是其具有专业性的农业信息和知识，并非娱乐类的节目资源。这一点从农村受众的问卷调查中也可以获得证实，65.7%的受访者希望农业电视频道能提供更多的农业生产和销售信息，68.2%的受访者希望农业电视频道提供更多的跟农业科技相关的信息。

这可能也是频道对传播受众的主观选择上的臆断。农村受众普遍受教育程度较低，农业传播频道就有可能推断农民对于热闹喧嚣而且不需要太费脑力的娱乐节目就有着天然的热衷，于是农业传播频道的节目单上，娱乐节目会占据很大的时间板块，真正跟农村生活息息相关的节目却并不是农业传播频道的主要传播内容。我们从除了 CCTV-7 以外的其他几个农业传播频道的节目设置中，都不难发现这个问题的存在。

农民受众获取农业相关信息的主要渠道是通过农业频道和《新闻联播》，此外农民对于保障和提高自己生存质量的生活信息也非常关注，比如医疗和法律类的援助信息、农业科技信息、农业扶贫政策等。这说明，受众对于农业频道专注于真正的"农业"是有极高期待的，但是农业频道节目播出大量的综艺娱乐节目并不利于农民获取此类信息，反而会让受众陷入求知无门而被娱乐化的局面中。

农业传播也自然受到这种环境的影响，农业传播电视频道的稀缺就说明了农村文化的式微。另外，农村受众的教育水平普遍偏低，对现有的生活方式存在惯性依赖，农村受众难以在海量的且良莠不齐的信息环境中进行主体性的建构。农业传播除了传递信息、传播文化、传送思想和理念外，还有重塑农村受众人格结构和思想观念的重任。

传播的本质在于传播关系的建构，如果农业传播的传递渠道、方式、手段、节目表现形式等不符合农民生产生活节奏，传播的效果都不会是乐观的。农村受众是农业传播的核心受众群体，清晰了解农民受众群体的行为心理是传播关系建构的基础，否则农业传播的结果便会传而不达或者达而无效。

调查发现，和都市频道、综艺娱乐频道来进行商业化定位和运作的其他媒体不同，农业传播的利益回报更多的是意识层面的，如果将农业传播也做商业化运营，农民群众就无法获得真正意义上和农村生活相关的信息，农业传播也会偏离"农业"的实质。

电视农业传播的泛娱乐化就导致了其非专业化的问题，如果连仅有的几个农业传播频道都无法做到真正地对农业传播，那么农村受众的接收诉求又谈何实现。切实提高农业传播的效率，做到真正是为农民而办的节目，是当下农业传播媒体要解决的重要问题。

## 二、收视率整体偏低

农民受众对于电视这种娱乐方式依然是热衷的，从我们农业民发放的问卷结果中也可以得到印证：有收看电视节目习惯的受众[①]累计占比92.8%，选择看报纸的受众累计占比28.3%，广播为37%，使用互联网的受众为57.6%。互联网是在农村地区最新被普及的大众传播媒介，但是电视作为传统媒体，跟城市人口将电视视为陪伴作用不同的是，它依然是农村受众选择的获取信息和娱乐的最主要渠道。

在557位受访者中，有444位（占79.7%）受访者表示收看过CCTV-7农业频道，348位（占62.5%）受访者收看过其他的农业频道，其中，收看过河南新农村频道的受众有226位（占40.6%），陕西农林卫视134位（占24.1%），湖南卫视16位（占2.9%）。也许正是因为农业传播的频道资源极度稀缺，才使得大多数的农民受众都有过观看农业节目的经历甚至是习惯，但是这并不代表着农民受众会将观看农业传播节目作为电视节目的第一选择，也更不代表将观看农业节目视为身份认同的必要条件，事实上，电视农业传播频道的收视率整体是偏低的。

收视率是衡量电视节目受欢迎程度的一个最直接和客观的指标，可以反映出一个电视节目的受众接受程度。2016年9月，我们通过对CCTV-7农业频道、河北农民频道、黑龙江公共农业频道、河南新农村频道、吉林电视台乡村频道、湖北垄上频道、山东农科频道、陕西农林卫视、重庆公共农村频道这9家农业传播频道的问卷调查得到了2014—2016年的平均

---

① 这里指的是在问卷中勾选"天天"、"经常"和"偶尔"选项的累计占比。

收视率①数据（见表1-4）。

表1-4 2014—2016年9个电视农业传播频道平均收视率

| 频道 | 平均收视率（%） | | |
|---|---|---|---|
| | 2014年 | 2015年 | 2016年 |
| CCTV-7农业频道 | 0.174 | 0.179 | 0.172 |
| 河北农民频道 | 0.002 | 0.0035 | 0.004 |
| 黑龙江公共农业频道 | 0.018 | 0.010 | 0.005 |
| 河南新农村频道 | 0.002 | 0.002 | 0.002 |
| 吉林电视台乡村频道 | 0.002 | 0.002 | 0.002 |
| 湖北垄上频道 | 0.018 | 0.022 | 0.020 |
| 山东农科频道 | 0.010 | 0.010 | 0.010 |
| 陕西农林卫视 | 0.030 | 0.030 | 0.045 |
| 重庆公共农村频道 | 0.002 | 0.007 | 0.001 |

CCTV-7农业频道作为中央级的农业上星频道，农业传播的受众范围最广泛、频道影响力最大，2014—2016年平均收视率分别为0.174%、0.179%、0.172%。陕西农林卫视是唯一一家上星的省级农业传播频道，其收视率位居第二，仅次于央视农业频道，2014—2016年平均收视率分别为0.03%、0.03%、0.045%。其他7个频道都不是上星频道，覆盖的人口也只是本省内的人群，收视率在0.001%—0.002%之间徘徊。除黑龙江公共农业频道和重庆公共农村频道的3年平均收视率有所下降外，其他7个频道2014—2016年平均收视率持平或增长。

为了进行对比说明，我们通过查询，得到了如下几组对比数据（见表1-5、图1-2、表1-6）：

---

① 本书所提到的收视率单位均为百分比，用符号"%"表示。

表 1-5　2016 年 CCTV-7 与 CCTV 其他频道收视率对比

| 央视频道 | 2016 年平均收视率（%） |
| --- | --- |
| CCTV-7 | 0.172 |
| CCTV-1 | 0.459 |
| CCTV-2 | 0.102 |
| CCTV-3 | 0.362 |
| CCTV-4 | 0.369 |
| CCTV-5 | 0.255 |
| CCTV-6 | 0.32 |
| CCTV-8 | 0.329 |
| CCTV-9 | 0.07 |
| CCTV-10 | 0.111 |
| CCTV-11 | 0.082 |
| CCTV-12 | 0.098 |
| CCTV-13 | 0.272 |

数据来源：《中国电视收视年鉴》（2017），中国传媒大学出版社 2017 年版。

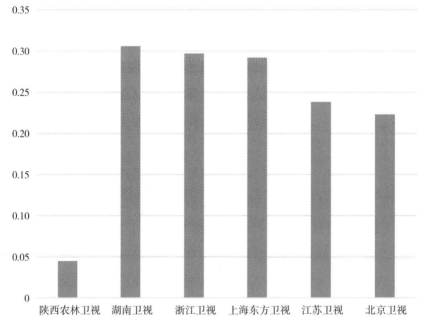

图 1-2　2016 年陕西农林卫视与其他省级卫视收视率对比

表 1-6  2016 年其他 7 个省农业传播频道与各省地其他频道最高收视率对比

| 频道 | 2016 年平均收视率（%） | 该省其他频道 | 2016 年平均收视率（%） |
|---|---|---|---|
| 河北农民频道 | 0.004 | 河北经济生活频道 | 0.767 |
|  |  | 河北影视剧频道 | 0.197 |
|  |  | 河北卫视频道 | 0.432 |
| 河南新农村频道 | 0.002 | 河南都市频道 | 0.273 |
|  |  | 河南公共频道 | 0.237 |
|  |  | 河南电视剧频道 | 0.191 |
| 黑龙江公共农业频道 | 0.005 | 黑龙江文艺频道 | 0.753 |
|  |  | 黑龙江影视频道 | 0.691 |
|  |  | 黑龙江都市频道 | 0.644 |
| 吉林电视台乡村频道 | 0.002 | 吉林生活频道 | 0.724 |
|  |  | 吉林都市频道 | 0.313 |
|  |  | 吉林影视频道 | 0.222 |
| 湖北垄上频道 | 0.020 | 湖北综合频道 | 0.981 |
|  |  | 湖北经济频道 | 0.837 |
|  |  | 湖北影视频道 | 0.509 |
| 山东农科频道 | 0.010 | 山东齐鲁频道 | 1.793 |
|  |  | 山东综艺频道 | 1.036 |
|  |  | 山东生活频道 | 0.779 |
| 重庆公共农村频道 | 0.001 | 重庆影视频道 | 0.764 |
|  |  | 重庆新闻频道 | 0.451 |
|  |  | 重庆时尚频道 | 0.443 |

数据来源：《中国电视收视年鉴》（2017），中国传媒大学出版社 2017 年版。

从统计数据可以发现，CCTV-7 农业频道和央视其他频道相比，收视率偏低；陕西农林卫视与其他上星频道的收视率相比偏低；其他 7 个电视农业传播频道的收视率除个别省份外，大部分与各省其他频道相比收视率整体偏低。

农业传播节目的收视率整体偏低，这使得本来就羸弱的农业传播更加失去了基础竞争力。尽管农业传播的受众是接近 7 亿的农民群众和关心农村生活的城市人群，如此庞大的受众主体仍然支撑不起农业传播摇摇欲坠的收视率，农业传播频道的收视率和同级别或同省地的频道相比差距仍然巨大，这对于农业传播的效果和农业频道的影响力来说，都是严重的打击。

## 第三节　电视农业传播的运营与生存状况

通过考察农业传播主体的生存和运营状况，可以发现农业传播主体收入高度依赖广告，政府扶持力度很小，运营方面农业传播的公益性不断在淡化而商业性在加强。

### 一、收入高度依赖广告以及政府扶持力度偏小

#### 1. 收入高度依赖广告

电视频道的收入多少，一方面决定了频道的市场资源占有，另一方面可以体现频道发展的前景好坏。调查结果显示，9 个频道的主要收入来源高度依靠广告收入，平均占整体收入来源的 81.6% 左右。其中陕西农林卫视和重庆公共农村频道的广告收入增幅较大，CCTV-7 农业频道、河北农民频道和山东农科频道的广告收入稍有增幅，其他 4 个频道广告收入基本持平或缩减，广告投放商以农业生产产品类和农业科技服务类为主。

在节目制作资金投入方面，除吉林电视台乡村频道每年的节目投入资金占比较少外，其他 8 个频道节目投入占总收入的一半左右。节目投入资金排序和主打节目及节目收视率排序基本吻合，也就是说主打节目和收视率排名靠前的节目也是资金投入的重点。

以河南新农村频道为例，频道覆盖 7500 万人口，靠广告收入来维持

频道的发展，但是节目制作经费很有限，进入有线电视网还需要缴纳转播费，国际 4A 广告公司并不在农业频道投放广告而且广告收入逐年递减，这就加剧了农业频道生存环境的艰难。为了实现增收，被迫要开始做农资经销相关的产业经营，以弥补广告收入锐减带来的营收困境。

表 1-7　9 个农业传播频道广告收入状况

| 频道名称 | 主要收入来源 | 2014—2016 年广告收入（元） | | | 广告投放商 | 2014—2016 年广告收入在总收入中的平均比（%） |
|---|---|---|---|---|---|---|
| CCTV-7 农业频道 | 广告收入 | 2 亿 | 2.2 亿 | 2.4 亿 | 农业产品生产类；农业科技服务类 | 77 |
| 河北农民频道 | 广告收入 | 1.8 亿 | 2.1 亿 | 2.0 亿 | 农业产品生产类；农业科技服务类 | 85 |
| 黑龙江公共农业频道 | 广告收入 | 6000 万 | 5000 万 | 5000 万 | 农业产品生产类 | 90 |
| 河南新农村频道 | 广告收入 | 7500 万 | 7000 万 | 6000 万 | 农业产品生产类 | 100 |
| 吉林电视台乡村频道 | 广告收入 | 1.08 亿 | 1.01 亿 | 1 亿 | 农业产品生产类；农业科技服务类 | 90 |
| 湖北垄上频道 | 广告收入 | 6500 万 | 7000 万 | 6000 万 | 农业产品生产类；家居用品类 | 74 |
| 山东农科频道 | 广告收入 | 7000 万 | 7200 万 | 8000 万 | 农业科技服务类；家居用品类 | 96 |
| 陕西农林卫视 | 广告收入 | 5000 万 | 7000 万 | 8000 万 | 农业产品生产类；农业科技服务类 | 80 |
| 重庆公共农村频道 | 广告收入 | 900 万 | 1600 万 | 3000 万 | 旅游景点服务类；家居用品类 | 42 |

农业传播频道主要依靠广告收入来维持频道的发展，虽然大多都有新媒体部门，但是新媒体的设立也只是为了应付媒体融合环境下的政策导向，而不是根据频道现实需求作出的选择。

根据我们的调查，9个农业传播频道都会举办一些线下活动，以更好地服务当地农民。在增值服务方面，即便是专业性很强的陕西农林卫视也做得不够出色。该频道依托陕西杨凌农业高新技术产业示范区和西北农林科技大学的技术资源，为全国农民提供专业的农业科技信息服务；该频道的营收全部依靠广告所得，年收入不到1亿元，而且从未进行过农资服务等产业化经营。这和该频道自身的公益性定位是分不开的，在其他频道都走商业化道路的时候，陕西农林卫视依然坚守着农业传播需要公益化定位的认知理念，十分注重节目播出时间和农时的配比，坚持做好为农民提供信息、帮助农民生产生活的角色。

农业传播频道的收入来源高度依赖广告，财政补贴只占很少的比例，这就迫使传播主体要放弃频道公益化的定位，跟其他商业性的媒体一样参与市场竞争。而我们前文提到，农业传播的受众是处于社会底层、资源占有最少、话语权最弱的农民群体，一方面，受众想从农业频道得到最多的是农科方面的信息，如果频道将定位视为追逐利益的话，简单地把频道沦为泛娱乐化的播出平台，那么受众的利益就会被严重挤压；另一方面，受众群体决定了广告商是否会投放广告，农业频道受众购买力低，使得广告商的投入难以从受众那里得到变现，长此以往，农业频道依托广告收入来实现盈利的局面也会逐渐式微。在国家对农业频道的财政扶持日益紧缩甚至没有的情况下，完全依靠广告收入来维持频道的自身发展其实并不可行，如何在新媒体环境中完善农业传播的服务理念，通过增值服务和新媒体运营来实现盈利，是所有农业传播主体需要应对的挑战。

2. 政府财政支持不足

我们梳理了我国农业传播的基本格局和传播运营的整体状况，我国农业传播的频道资源极其稀缺，仅有的几个农业频道收视率也都非常低，而且频道的营收基本全部靠广告收入，财政支持很少或几乎没有，政府对于农业传播频道的财政支持不足。河北农民频道、河南新农村频道、陕西农林卫视 3 个频道完全没有政府拨款，其余 6 个频道的政府拨款占比很少，政府拨款占总收入的平均比例为 12%。

表 1-8 9 个农业传播频道政府拨款状况

| 频道名称 | 2016 年政府拨款情况及增幅 | 2014—2016 年节目投入资金（元） |
|---|---|---|
| CCTV-7 农业频道 | 18%，增加了 7 个百分点 | 1.2 亿；1.2 亿；1.4 亿 |
| 河北农民频道 | 无 | 未填写 |
| 黑龙江公共农业频道 | 40%，基本没有变 | 4000 万；4000 万；4000 万 |
| 河南新农村频道 | 无 | 未填写 |
| 吉林电视台乡村频道 | 10% | 500 万；550 万；600 万 |
| 湖北垄上频道 | 20%，减少了 10 个百分点 | 4000 万；4700 万；4000 万 |
| 山东农科频道 | 5%，数额少但增幅快 | 1000 万；1200 万；1500 万 |
| 陕西农林卫视 | 无 | 2000 万；3000 万；5000 万 |
| 重庆公共农村频道 | 15%，减少 15% | 700 万；1100 万；1600 万 |

不论农业传播是否有政府的政策扶持和财政拨款，农业传播本身都是公益色彩的行为，但是如果其传播与商业色彩浓郁的文艺节目或其他娱乐类节目相比，同时达到农村观众的视野中时，其竞争力必然是降低的。所以，农业传播一直在很多电视节目高度市场化挑战的压力中匍匐前行。

但事实上，通过我们对 9 个农业传播主体问卷调查的结果来看，农业频道作为公共频道，事实上是在以商业传播主体来定位自身。这种情况下，农业频道很难将所有精力放在专业做好给农民传递真正实用的农科信息和"三农"资讯，而是被迫地将频道定位为商业媒体，希望从市场竞争中获得盈利来维持频道的自身发展。更何况农业频道制作的节目，制作难度大、消耗费用高、制作周期普遍比其他娱乐节目要长，仅仅依靠微薄的广告收入是难以支付如此高昂的制作费用的。

我们需要承认的是，竞争是传媒发展的一个重要机制，但是农业传播自身先天条件并不能够和其他商业化的频道相抗衡，那么不管出于公共利益的需要，还是基于产业的长期可持续发展，政府都需要在竞争和垄断之间建立起有效的平衡协调机制。因此我们认为，农业传播要回归公益性的传播定位，而不是继续走市场化、商业化的道路。想要实现这种传播战略定位，就需要以政府为主导，构建农业公共传播体系，对涉农传播主体加大财政扶持力度，使得农业传播频道能够专注于真正为农民提供必需的资讯。

与此同时，农业传播频道要从多方面、多渠道来扩大传播影响力，既然已经设立了新媒体部门，那么就要充分利用新媒体的平台资源，适应媒体融合背景下传播方式的革新和发展。

## 二、农业传播运营公益性的淡化与商业性的偏向

通过我们对农业传播主体的调查发现，除了 CCTV-7 农业频道和陕西农林卫视以外，其他 7 个频道都在节目单中分配了大量的电视剧和综艺娱乐节目，真正跟农业科教和"三农"问题相关的内容基本上只靠新闻类节目来体现。农业频道在市场化的大背景下，事实上也将自身的频道定位划分为商业性的传媒，追求市场利益最大化，通过农产品的营销、农资农具的推售，来实现频道的价值。

举例说明：河南新农村频道，农业节目因与频道产业化发展诉求相背离，在时间份额上被严重挤压，每天只安排 40 分钟的农业节目，再重播一次，共计 80 分钟的节目设置《新农村服务社》；吉林电视台乡村频道只设置了《农村俱乐部》；湖北垄上频道的《垄上行》；重庆公共农村频道的《天天农事通》。农业传播只保留了形式上的宣传意义，而没有对真正的农民进行有针对性的传播，那么就会使得频道的传播运营产生了偏差，频道将重点放在农产品的营销上，而不是农业传播，这是农业传播频道公共传播缺位的表征。

农业传播频道也难免摆脱这种制度困境下的矛盾，一方面，农业传播肩负着传递农业科技信息和农村发展的公益性职责；另一方面，传播者要以市场主体的姿态，与其他商业化频道一同参与市场竞争，获得市场利润。而农业传播频道的受众主体是那些社会资源占有较少、受教育程度不高的农民群众，他们是社会的弱势群体，购买力和城市人口相比明显不足，绝大多数的广告商也不愿意在农业传播的频道上投放广告，这就更加弱化了农业传播的市场竞争能力。

以河南新农村频道为例。频道设立的初衷是以公益性节目来定位，但是节目制作和发行经费都有限，进入有线电视网还需要缴纳转播费，有影响力的广告商（比如国际4A广告商）并不在农业频道投放广告。从2012年开始，河南新农村频道开始尝试产业化经营的模式，主要从事的产业为农资产品的经销，以弥补广告收入大幅下滑的形势。该频道在农业传播的过程中，农民的信息需求几乎从未做过详细的调查和了解，无论从节目类型、节目内容还是频道的运营都充斥了市场化导向的利益诉求。这种导向则又是频道自身为了走出生存困境而作出的无奈选择，只有走市场化、商业化之路，依靠农资实体产业和互联网营销的支撑，才能将频道资源进行最大幅度的整合，维持频道的发展。

农民作为一个受众群体，其本身的学历情况、经济状况甚至包括他们长期形成的价值观、思维习惯和生活方式等与城市相比，其差异是不言而喻的。

农业传播与其他商业化媒体不同的是，农业传播更主要的作用在于告知和引导教育，必须在一定程度上弱化娱乐功能。从受众本体的需要角度来讲，农业传播回归农民、回归农业才是适应目前农业传播实质的禀赋。

传媒并不是一个单纯的经济组织，它还承担相应的社会责任和社会教化功能。如果因传媒集团的组建而产生的传媒区域市场的垄断，在媒体内容上造成节目的同质化、媚俗化，并进而妨碍意见的自由表达和新闻传媒的多样性，降低了受众对信息的选择范围和选择能力，这将必然损害全社会的公共利益。

纵观世界范围内的传播媒介，公共性缺位是普遍存在的问题。美国的传播环境高度商业化，传媒以企业的身份参与市场竞争，将市场占有和利润视为传媒价值的体现；欧洲的广播电视业的发展是建构在高度福利化的社会基础之上的。而中国的传媒环境和欧美的现实情况不同，自改革开放以来，我国传媒产业就确立了"事业单位，企业化管理"的混合型体制，之后为了实现和扩大传媒产业的规模效益，进行了集团化的改造。

"事业单位，企业化管理"是国家在改革开放初期对中国传媒实行的管理体制改革。这种自我矛盾的管理运行方式带来一系列传媒的双重人格和行为。既要作为国家事业单位宣传国家的大政方针，同时又作为市场主体参与商业化运作，争取资金支撑媒体的运行。

在我国传媒产业化的过程中，我们看到有这样几个重大动因：中国媒体企业化运营后对于资本增值的内在动力、政府加强管理的需要以及国外传媒集团的巨大压力，却显然没有看到"公众利益"的因素起到什么作用。也就是说，政府和媒体在进行这种制度安排时没有把维护公众利益作为一个基本原则，公众的利益在理念层面出现了缺位。

仅从经济运行方式和经济核算制度来看，"事业单位"和"企业化管理"两者之间存在着巨大差异，甚至根本矛盾：事业单位意味着媒体以国家财政拨款为活动资金来源，不进行成本核算，不上缴利润，不缴纳税金，甚至无所谓经营活动，履行的是社会公共机构的职能；而"企业化管理"则要求进行生产经营活动并且在生产经营活动中遵循企业经营管理的基本经济规律，遵循市场原则，以最小成本获取最大的收益，并且必须向国家缴纳税金和向投资者回报收益。由此可以看出，中国传媒业的混合型体制对传媒改革的逻辑起点和整体规划并非清晰和明确。①

我国电视农业传播商业性的偏向不断增强，就导致了公益性的淡化甚

---

① 刘艳娥：《文化体制改革背景下中国传媒改革的制度安排与改革路径研究》，武汉大学博士学位论文，2013 年。

至缺位，未来农业传播创新发展方向需要加强公共传播体系的建构，强化农业传播的公益性定位。

# 本章小结

我们在农村受众的问卷调研、对电视农业传播频道的访谈、内容分析和文献梳理的基础上，展开本次电视农业传播研究，重点检视了我国电视农业传播的基本格局、电视农业传播的传播与接收状况、电视农业传播的运营与生存状况这三方面的内容。

我国电视农业传播的基本格局是我们考察的首要内容。我国作为农业大国，电视农业传播理应是传播主体的重点布局领域，但事实上，与全国3000多个频道资源相比，目前仅有10个电视农业传播频道资源就显得严重稀缺，这和我国立足"三农"的定位极其不匹配。如何改善电视农业传播频道资源稀缺，扩大农业传播的影响力，是我们亟须思考和解决的问题。

电视农业传播频道的节目设置中与农业相关的节目较少，包括综艺娱乐节目、剧场类节目在内的非农业相关的节目则占比较高，传播内容的非专业化与泛娱乐化倾向严重。另外，农村受众群体的庞大并没有使得与农业相关的电视频道受到更高的关注，电视农业传播频道的收视率整体偏低，再加上仅有的频道资源，就使得电视农业传播的传播效果更加羸弱。

农业传播频道的生存和运营状况同样堪忧。农业传播具有公益性，但是目前的农业传播频道由于政府补贴的稀缺，收入高度依赖广告，在我们调研的几个频道中，广告收入是所有频道的主要收入来源，平均高达80%以上。这就必然使得农业传播频道放弃公益性的定位，而将获取商业利润作为频道维持和发展的方向。如何重新定位我国的农业传播，如何提升农业传播的传播效果，都是我们需要深入思考的问题。

# 第二章 CCTV-7农业传播内容分析

为对 CCTV-7 农业频道农业传播的内容进行全面梳理分析，我们以 CCTV-7 2014 年至 2016 年播出的 14 档栏目共计 5219 期农业节目为调研样本，运用内容分析法、文献分析法、调查问卷法与深度访谈法对 CCTV-7 农业传播的内容形式配比、内容特点、形式特点进行分析，以期发现 CCTV-7 农业传播在内容上存在的问题。

研究发现，CCTV-7 农业频道农业传播节目内容专业性定位基本准确，"农业、农村、农民"等选题是农业传播内容选题热点；农业节目内容在时间与类型上的配比与受众调查中的受众选择大致吻合，问题是，在内容质量上仍然出现了供求矛盾，观众满意度高的节目较少；各个农业节目的形式，整体上类同且形式较为传统，表现形式创新不足；节目内容的改进急需资金、人力等投入，同时由于承载平台的时间限制、资金紧缺等原因严重桎梏了农业传播内容的发展。

研究结果表明：CCTV-7 农业传播内容方向需要调整、范围需要拓展、表现形式需要创新、承载平台需更专业化。

## 第一节 样本选择与研究方法

### 一、传播内容分析的样本选择

本章研究对象为 CCTV-7 农业节目内容，分析结论以期服务于农业节目内容的改进。样本选择需要反映当前现实情况，因此选择 CCTV-7 从 2014 年到 2016 年的 14 档栏目共 5219 期播出的农业节目。通过做不同时间段配比、内容分类配比、内容结构等方面的分析，找出当前农业传播存在的问题。

## 二、传播内容分析的分析方法

研究方法上，主要采取内容分析法、调查问卷法、深度访谈法等几种方法相结合。

内容分析法研究对象是所选取的农业节目样本，主要分析农业节目样本内容结构组成，采取的是主观分类结合客观分类做对比。主观分类是指按照一般情况设定，对 5219 期节目做人工筛选分类，例如按照一般电视节目类型分类来将所有播出节目做划分；客观分类是对内容做量化分析，操作方法是选取所有节目标题做词频分析，同一节目时间上纵向对比与不同节目间横向比较，通过关键词词频得出节目内容主题选取倾向。通过以上方法进行的内容分析，再结合调查问卷分析结果做对照，并将主观分类与客观分析相结合得出 CCTV-7 农业节目内容结构组成。

调查问卷法调查对象为农业传播受众，选取了有代表性的两个地区做问卷调查，得出农业传播受众的收视情况，这对分析农业传播内容有很好的参照作用。

深度访谈法主要是对国内 9 个农业传播专业频道的运营情况做深度访谈，得出农业传播媒体从业者在农业传播上的整体运行管理情况。

问卷调查法与深度访谈法主要作用于对照内容分析结果，了解内容安排与受众需求符合度，推导内容安排是否合理。

## 第二节　CCTV-7 农业节目时长和结构配比

研究农业传播内容的现状，是分析农业传播整体的重要一环。内容生产是农业传播的核心所在，如何进行内容生产把握内容生产方向，如何改进内容生产，是研究这一问题的意义所在。本书选取 CCTV-7 从 2014 年到 2016 年的农业节目内容，从节目时间与结构配比、节目形式等方面，加以分析归纳。

节目内容配比包括整体时间上的配比与具体内容结构的配比。本书选取了 2014 年至 2016 年 CCTV-7 农业传播的节目内容进行分析，其节目内容配比是否合理，是否与受众预期相吻合，是农业传播有效性的重要判定标准。

## 一、农业传播、军事传播时长配比基本稳定

CCTV-7 是以播出军事节目和农业节目为主的电视频道，农业部分、军事部分内容在同一频道穿插进行。同时考虑到内容多样性，还将小部分时间分配给了除去农业、军事相关内容以外的节目，如《动物世界》栏目。考察 CCTV-7 农业传播的内容，首先总结 2014 年至 2016 年农业内容在频道时间资源占用上的变化，用农业节目的内容所占时间具体数据进行直观判断农业内容占用频道资源是否充足。

### 1. 农业内容播出时长相对稳定

本书对 CCTV-7 2014—2016 年农业内容每日播出时长作了初步统计，了解每日播出时长是从整体上了解农业传播时间数量资源的占用情况。

表 2-1　2014 年至 2016 年 CCTV-7 农业内容每日播出时长

（单位：小时）

| 年份 \ 时长 | 首播时长 | 重播时长 | 广告时长 | 日播总时长 |
|---|---|---|---|---|
| 2014 | 3.25 | 3.25 | 约 0.3 | 约 7 |
| 2015 | 3.26 | 3.26 | 约 0.3 | 约 7 |
| 2016 | 3.5 | 3.5 | 约 0.3 | 约 7.5 |

2014 年，CCTV-7 农业节目共 12 套，其中 8 套日播节目、4 套周播节目，每周总首播时长为 1365 分钟，每天首播平均时长为 195 分钟，加之时段广告时间 16 分钟，每天首播时长为 211 分钟。几乎所有节目会在当天重播或次日重播一次，因此农业节目每天总播出平均时长为 422 分钟，约 7 小时。

2015 年，CCTV-7 农业节目共 13 套，其中 8 套日播节目、5 套周播节目，每周总首播时长为 1375 分钟，每天首播平均时长为 196 分钟，加之时段广告时间 16 分钟，每天首播时长为 212 分钟。几乎所有节目会在当天重播或次日重播一次，因此农业节目每天总播出平均时长为 424 分钟，约 7 小时。

2016 年，CCTV-7 农业节目共 14 套，其中 8 套日播节目、6 套周播节目，每周总首播时长为 1470 分钟，每天首播平均时长 210 分钟，加之时段广告时间 16 分钟，每天首播时长为 226 分钟。几乎所有节目会在当天重播或次日重播一次，因此农业节目每天总播出平均时长为 452 分钟，约 7.5 小时。

可以看出，2014 年到 2016 年，CCTV-7 农业节目的日播出时长相对稳定，平均约 7.2 小时。

2. 非农业内容、非军事内容时间配比比较合理

CCTV-7 其他内容总体上分为非农业内容、非军事内容，此两部分内容约占据有效播出时长的 18%，在功能上各有所长。

CCTV-7 非农业内容、非军事内容节目，目前有《动物世界》、《第一动画乐园》、《人与自然》等。[①] 这类节目在内容上具有科普性或娱乐性，是较为大众化的节目，受众范围广泛；同时这类节目补充了 CCTV-7 农业和军事节目未涉及的内容，照顾了受众的多样性、观看碎片化等特性，一定程度上起到了完善频道功能的作用。此类节目一般穿插在军事、

---

① 来自 CCTV-7 2017 年最新节目单。

农业节目中间,并未占据黄金时间段,播出时长在 3 小时左右,占据有效播出时间的 16.5%。[①]

频道创收需求使得广告不得不占用一定的时长,因此本书也考察了广告的时间配比情况。由于广告形式多样,本次只统计独立于节目之外的时段广告,其时间便于统计。2014 年至 2016 年 CCTV-7 农业节目独立时段广告均为 16 分钟/天,约占有效播出时间的 1.5%。其他广告均以贴片、冠名等方式融入节目环节或内容中,占用时间统计难度大,且这些广告与节目同步进行,因此这部分广告所占用时间,不计入本研究的时间统计。

3. 农业、军事内容时间资源对等

前文总结出农业节目平均日播出时长为 7.2 小时,即农业节目平均日播出时长占有效播出时间的 40%,其余 60% 的有效播出时长为军事与其他内容占比。若除去其他内容(非军事、非农业内容与广告)占比 18%,军事部分的内容大概占比为 42%,与农业内容占比相差不大,这一时间配比符合频道整体定位,即军事农业各占一半。但这一时间占比安排与观众选择有所差异,在受众调查中,主要收看 CCTV-7 农业节目的人数占受访总人数的 30.9%,主要收看 CCTV-7 军事节目的人数占受访总人数的 14.9%。从数据上看,对于样本受众来说,CCTV-7 农业节目更受欢迎,本书认为这与是否增加对农业内容的时间资源配给存在一定联系。

但依此调整农业、军事内容似乎与频道整体定位相冲突,二者都是属于专业化较强的领域,出于央视频道资源问题才合并在同一频道播出。受众的选择说明专业频道需要更为丰富的专业内容,两个专业领域分享同一频道资源时,难免出现内容占位冲突。

4. 八成农业节目占据黄金时间段

农业频道的黄金时间段与其他频道有较大差异,因为农村受众作息时

---

① 根据 2014—2016 年 CCTV-7 节目播放时间安排来看,有效播出时间段为 6:00—24:00,即有效播出时长约为 18 小时。

间和城市受众有很大的不同，所以黄金时间段也有所不同。对于乡镇企业职工，作息与城市受众接近，他们的收看时间在 20：00—22：00；农业劳动者作息时间较为灵活，他们的收看时间段较多，如 12：00—14：00、18：00—20：00。[1] 另外，农业生产活动农时性很强，具有季节性，黄金时间也随季节发生变化。

黄金播出时间段的内容配比对农业传播内容选择具有较高的参考价值。在考察 CCTV-7 农业、军事部分内容占比时，统计 CCTV-7 频道在12：00—14：00、18：00—20：00、20：00—22：00三个黄金时间段的节目，农业内容在三个黄金时间段的播出共有 11 档栏目，约80%的节目分布在三个黄金时间段播出，12：00—14：00 段有 1 档（《乡土》栏目），18：00—20：00 段有 6 档，20：00—22：00 段有 4 档。

表 2-2　2014—2016 年 CCTV-7 黄金时段农业节目

| 栏目名称 | 首播时间 | 时长（分钟） |
| --- | --- | --- |
| 《乡土》 | 周一至周五 12：27—12：57 | 30 |
| 《美丽中国乡村行》 | 周一至周四 18：05—18：30 | 25 |
| 《科技苑》 | 周一至周四 18：30—19：00 | 30 |
| 《农广天地 B》 | 周一至周五、日 19：00—19：30 | 30 |
| 《乡村法制剧场》 | 周五 18：05—19：00 | 55 |
| 《乡村大世界》 | 周六 18：05—19：30 | 85 |
| 《阳光大道》 | 周日 18：05—19：00 | 55 |
| 《致富经》 | 周一至周五 21：17—21：47 | 30 |
| 《每日农经》 | 周一至周五 21：47—22：07 | 20 |
| 《乡约》 | 周六 21：17—22：07 | 50 |
| 《食尚大转盘》 | 周日 21：17—22：07 | 50 |

---

[1]　吴信训、倪瑜、赵伟清等：《当代农村电视收视习惯调查》，《新闻爱好者月刊》2006 年第 9 期。

## 二、农业传播内容结构配比基本符合受众需求

2014 年至 2016 年，CCTV-7 农业内容的节目稳定在 12 到 14 档栏目（2014 年 12 档栏目、2015 年 13 档栏目、2016 年 14 档栏目），2014—2016 年共有 5219 期节目，其中 2014 年 2152 期，2015 年 1554 期，2016 年 1513 期。为分析节目内容在类型、结构上的分布特点，需要对 2014—2016 年的节目进行分类后加以分析。本书选取了三种分类方式，分别是按照 CCTV-7 节目选题规划分类、按照一般电视节目类型分类、按照直接农业与间接农业节目类型分类。

1. 主观选择内容结构迎合受众需求——按照 CCTV-7 节目选题规划分类

CCTV-7 对每年的农业节目都制订了宣传创作计划，节目选题是每年年初宣传计划工作的重点，也是节目内容呈现可追溯的根源。将 2014—2016 年农业节目按照最初计划要点进行划分后，分析节目内容在主观上的呈现现状，对节目内容安排的科学性与合理性的判断起到重要参考作用。

CCTV-7 农业节目 2014 年至 2016 年的宣传创作计划宏观上都是围绕国家农业发展规划展开，总体上选题规划离不开"三农"，包括国家"三农"政策、农业部重点工作、中央电视台全年宣传要点等内容。根据 2014—2016 年宣传创作计划，CCTV-7 农业节目的选题大致有三类：A 类节目，围绕党和国家"三农"工作重点和农业部中心工作和央视整体宣传规划、服务国家大局的选题以及总编室下达的指令性拍摄计划的选题；C 类节目，符合栏目定位，具有个案性、猎奇性倾向的选题；B 类节目，在符合栏目定位的前提下，除了 A 类和 C 类之外的选题。[①]

本书研究从选题分类出发，选定的样本单位以每一期节目为单位，即样本对象是 5219 期节目；在宣传创作计划的选题分类中，A 类节目较为容易划分，理解为与农业关系最为密切的、直接的内容，B 类、C 类节目存在

---

① 高广元：《农业电视传播内容分析》，《青年记者》2014 年第 11 期。

包含与被包含关系，对比 2014—2016 年 CCTV-7 农业的节目内容，难以清楚地划分开，因此本书只统计 A 类节目的占比数据。人工分类存在一定主观偏差，因此，此部分采取多次分类统计对比，最后确定统计数据：A 类节目有 3875 期，占总期数的 74%。B 类、C 类节目占总期数的 26%。

表 2-3　2014—2016 年 CCTV-7 农业节目宣传创作计划选题划分统计

| 年份<br>节目分类 | 2014 | 2015 | 2016 |
|---|---|---|---|
| A 类节目 | 1684 期 | 1076 期 | 1115 期 |
| B、C 类节目 | 468 期 | 478 期 | 398 期 |

从节目数量上看，此三类节目的占比并不平均，主要在完成 A 类选题计划。从播出频率来看，A 类节目播出频率较高，多属于日播节目，如《聚焦三农》、《每日农经》、《农广天地》等；B、C 类节目多属于时长较长的周播节目，播出频率较低，如《乡村大世界》、《阳光大道》等。因此在播出频率与时长的基础上作对比，A 类节目与 B、C 类节目的比例相对合理。所以 CCTV-7 农业频道的农业传播，在主观安排上各类选题配比平均，A 类节目多包含新闻类日播节目，符合观众最喜爱观看新闻类节目的收视选择，这一内容安排可以继续保持。

2. 内容结构完整而不完善——按照一般电视节目类型分类

按照一般电视节目类型来梳理 2014—2016 年农业节目，可以从整体上把握 CCTV-7 农业节目的内容结构组成。将归纳后的节目类型与农业节目受众对节目类型的预期度进行对比匹配，找出之间存在的错位与差异，这对 CCTV-7 农业节目及农业传播内容选择具有较大的参考价值。

电视节目分类是指对不同电视节目的显著特征或本质属性对它们进行由高到低的不同层次的划分。[①] 目前，国内电视节目的划分存在多种形

①　参见陈俱生主编：《现代汉语辞海》，山西教育出版社 2002 年版。

式，其中，依据节目的内容性质将电视节目分为电视新闻节目、娱乐节目、教育节目、服务节目的节目分类形式比较受学者青睐。① 本书则采取既结合当前节目分类形式，同时也考虑 CCTV-7 农业节目现状对节目类型进行划分。

在 2014—2016 年农业节目中，新闻类节目有 5 档，占节目总数的 36%；综艺娱乐类节目有 3 档，占 21%；科教类节目有 3 档；旅游服务类节目有 2 档；法制类节目有 1 档。

表 2-4　2014—2016 年农业节目类型

| 栏目名称 | 节目类型 | 内容定位 |
| --- | --- | --- |
| 《乡土》 | 新闻类 | 栏目用纪实的手法展示祖国的大好河山，展示农村的风土人情和乡土特色。 |
| 《美丽中国乡村行》 | 旅游服务类 | 以"乡村旅游、生态文明"为主题展示农村美丽的风景，展现农村旅游景点。是一档乡村旅游类栏目。 |
| 《科技苑》 | 科教类 | CCTV-7 开播最早，是一档宣传农业科普知识，推广农业科学技术的栏目。 |
| 《农广天地 A》 | 科教类 | 中央农业广播电视学校负责制作的农民科技教育与培训节目专栏。 |
| 《农广天地 B》 | 科教类 | 中央农业广播电视学校负责制作的农民科技教育与培训节目的第二个专栏。 |
| 《致富经》 | 新闻类（涉农经济新闻） | 财富无处不在，行动成就梦想。宣传致富经验，传播致富故事。 |
| 《每日农经》 | 新闻类 | 主要推广宣传我国的名特优新农产品。 |
| 《聚焦三农》 | 新闻类 | 始终紧跟"三农"领域热点话题，聚焦社会关注、农民关心、群众爱看的"三农"重点、难点和焦点。 |
| 《乡村大世界》 | 综艺娱乐类 | 让全国农民乐起来，让一方水土富起来。全景式综艺手法每期展现一个地方的综合面貌，文艺类栏目。 |
| 《乡约》 | 综艺娱乐类 | 农村相亲交友类栏目，以相亲为形式，介绍宣传当地的特色文化等。 |

① 林恩民：《论电视新闻与娱乐节目的黄金时段之争》，《东南传播》2010 年第 10 期。

续表

| 栏目名称 | 节目类型 | 内容定位 |
|---|---|---|
| 《阳光大道》 | 综艺娱乐类 | 带明星回故乡、走基层、共联欢的综艺节目。 |
| 《乡村法制剧场》 | 法制类 | 以影视剧的方式普及农村法律法规，讲解案情，进行普法宣传。 |
| 《绿色时空》 | 新闻类 | 宣传林业战线的法律法规和科学知识等。 |
| 《食尚大转盘》 | 旅游服务类 | 宣传地方好食材、好美味，宣传食品安全等。 |

在受众调查结果中，对新闻类节目感兴趣的观众最多，占总数的22.9%，而通过对2014—2016年农业节目类型的划分，其中新闻类节目数量最多，共有5档，这一内容安排与受众调查中的感兴趣节目类型相吻合。排在观众感兴趣节目类型第二位的是法制类节目。目前的农业节目中，只有一档法制节目，即《乡村法制剧场》（见表2-4），这样的安排与需求形成供不应求状况。综艺娱乐类节目感兴趣类型排第三，与3档综艺节目安排基本上相符合。科教类与服务类节目，有一定的观众群，但占总人数不多。

本书认为，CCTV-7农业节目类型看似涉及了方方面面，实则并未体现出专业服务频道特质，如节目类型中，科教类与服务类节目虽然存在，但受欢迎程度与节目数量都存在不足。现实情况中，受众对农业科教类节目的期望度是存在的，受调查者对于农业科技相关信息的期待情况，65.5%希望电视为他们提供更多的、更加实用有效的农业科技相关信息。

3. 内容结构组成中专业性内容没有优势——按照直接农业与间接农业节目类型分类

考虑到CCTV-7农业节目的专业服务性，本书将内容结构分析放在考察直接农业节目、间接农业节目中，以便于更直观地看到作为专业服务类节目是否实现了价值最大化，这对指导CCTV-7农业节目内容创新发展乃至升级改革具有重要意义。

在现有农业节目中，有50%的节目是直接为"三农"服务的，包括宣传农业政策、农业信息技术等内容，这一类的节目，本研究将其划分为直接农业节目。研究发现，直接的农业栏目有：《科技苑》、《农广天地A》、《农广天地B》、《致富经》、《每日农经》、《聚焦三农》和《绿色时空》。直接农业节目的特点是：节目的内容与农民的生产、生活或工作密切相关。内容本身直接就是宣传国家大政方针、生产、科技信息；节目多以新闻类或专题服务类形式呈现。因此，直接农业节目在节目形式和内容上，都具有一定限制，节目表达形式也具有一定局限性。

为配合观众收看需求，CCTV-7农业节目中还有50%的非直接农业节目，如《乡土》，就是一档发现农村趣闻趣事的节目，具有较高的收视率。《乡约》是一档户外相亲交友节目，是CCTV唯一一档相亲类综艺节目。这一类的节目形式多样化，综艺娱乐性较强，可观赏性强，受众范围更广泛，并涵盖了许多城市观众，有的节目还培养了许多忠实粉丝。这一类节目不仅补充了频道的节目类型，对整个频道的收视率也起到提升作用。

在对农业节目内容满意度的调查中，涉及了对于专业性较强的直接农业节目的问题，如"对涉农政策、涉农新闻、涉农信息的关注；对科学种田、科技致富、创业经验的感兴趣程度；对农业科技信息感兴趣程度"等。在这些问题中，受众反映出了较大程度的关注度，希望观看更多直接农业节目内容。受调查者对于间接农业节目内容如"对乡村题材电视节目感兴趣程度"并没有很高的热情。

本书认为，在电视节目内容百花齐放的当今，即使是农村受众也有多种渠道去收看各种非农业内容节目与间接农业节目，这是受众对于农业频道间接农业节目兴趣不高的原因所在。而对于专业权威的直接农业节目内容，受众都希望从自己熟悉的信息渠道去获取，这也是农业节目内容应朝更专业化方向发展的要求，要通过整体努力和调整去迎合或者服务于受众的需求。力争把农业传播的站位从农业传播变为农业服务，通过农业节目传播服务于广大农村群众，服务于农业经济发展。

# 第三节　CCTV-7农业传播的内容聚焦

## 一、农业传播的节目定位基本准确

节目内容特点除了观察节目本身定位与节目类型作主观上的判断外，本书选取了CCTV-7农业节目2014—2016年的5219期节目的标题，对节目标题进行词频分析，结合主观判断，更准确地总结节目内容特点。

本书使用武汉大学信息中心软件ROSTCM6对2014—2016年的每一期节目进行分词并作词频分析。

表2-5　2014—2016年节目选题高频词

| 2014 年 | 2015 年 | 2016 年 |
|---|---|---|
| 乡村 54 | 寻访 43 | 乡村 65 |
| 农民 43 | 养殖 42 | 泥鳅 27 |
| 走进 23 | 丝路 28 | 秘密 26 |
| 味道 20 | 农民 26 | 春节 16 |
| 财富 18 | 麦收 19 | 美味 16 |
| 商机 18 | 农产品 19 | 创业 15 |
| 农村 15 | 赚钱 18 | 娃娃鱼 10 |
| 回家 12 | 商机 18 | 留守儿童 10 |
| "三农" 11 | 凉山 16 | 小伙 8 |
| 风情 3 | 财富 14 | 果子 8 |
| 记忆 3 | 大年 10 | 媳妇 8 |
| 美丽 3 | 舌尖安全 10 | 赚钱 8 |
| 快乐 3 | 味道 9 | 农业 8 |
| 赚钱 3 | 驯养 7 | 古镇 4 |
| "村民" 3 | 孩子王 5 | 商机 4 |
| 老家 2 | 下蛋 4 | 财富 4 |
| 葡萄 2 | 讨薪 4 | 农村 4 |
| 广西 3 | 养猪 4 | 味道 3 |
| 春耕 1 | 国家森林公园 3 | 元旦 3 |

## 1. 专业化定位准确但欠深入

从对CCTV-7农业节目结构组成的分析中可看出，尽管节目形式有所差别，但基本未脱离专业频道专业化的标准。在标题词频分析中，取每档节目分词后词频前20的词，再作二次词频分析，去除无效信息，在保留信息中，提及最多的词汇为"乡村"，其次是"农民"。所以，在节目选题上，遵循了CCTV-7的宣传创作计划，关于党和国家农业经济工作重点和农业部中心工作服务大局有较大数量的内容呈现。由于农业节目本身定位为专业农业节目，所以去除词频中的"三农、乡村、农村、农民、村民"后，提及次数靠前的词汇有"味道、财富、商机、老家、广西"等。这些看似脱离"三农"的选题，都有一个共同点，即发生在农村。

## 2. 跟风热门选题

将2014—2016年的同类型节目作标题词频对比，以新闻类节目为例，重复率较高的是美食相关节目，词频中"舌尖安全、味道、美味、风情、葡萄"等词汇权重较高；其次是关于农村经济类节目，词频中"赚钱、商机、财富、创业、养猪"等词汇权重较高。美食与经济发展是与人们日常生活最为息息相关的话题，多次选择此类话题并作系列节目，话题度较高，很好地丰富了整体节目内容组成。但在之前关于直接农业节目、间接农业节目组成的分析中，更为专业化的服务节目应该占据数量上的优势，而词频权重较高的内容着重在日常生活上，并未着重于"农业"本身。

## 3. 城乡皆宜大众化程度高

在标题词频分析中出现了一些值得关注的词汇，如"法国、西单"这样的城市地名与其他国家名；"北京女孩、苏红、俞灏明"等城市居民和明星的名字；还有如"美食、科技、财经"等面向城市观众的节目常做的选题。关注这些选题，我们发现2014—2016年CCTV-7农业节目，对于城乡信息鸿沟走向消失以及缩小城乡差距政策有自己的理解与把握，如《美丽中国乡村行——走进法国乡村》系列节目，看似是法国风光展现的节目，实则为农村观众开阔眼界提供了窗口。而让更多城市大众化明星参与到农业节目中，可以理解为是想通过明星的参与增加节目知名度的行为，实则也是一种拉近农村与城市距离的方法。

## 二、农业传播的节目内容接近、形式雷同

随着综艺真人秀、网络自制节目的兴起，电视节目的形式在不断更新换代，我国的电视节目已经进入了一个多元化的时代，呈现出多元素组合态势。[①] 电视节目形式特点与节目类型相关，如新闻类节目一般采取主持人播报+实景拍摄采访形式进行，整体形式较为严肃严谨；而综艺娱乐类节目，则由多种灵活形式组合，主要为轻松娱乐、可看性服务。

在2014—2016年CCTV-7农业节目的14档栏目中，5档新闻类栏目，3档综艺娱乐类栏目，3档科教类栏目，2档旅游服务类栏目，1档法制类栏目。本书主要以电视节目的一般分类标准，再选取每一档栏目在2014—2016年同一时间点的一期节目作内容分析，两者相结合总结农业节目在节目形式上的特点。

### 1. 同类型节目形式基本相同

CCTV-7农业节目的5档新闻类栏目，基本上采取新闻节目惯用形式："演播室播报+配音旁白+纪实拍摄+记者采访"模式，其中《聚焦三农》加入了演播室农村嘉宾与专业人士互动环节，增加了节目的趣味性。3档综艺娱乐类栏目都选择了传统的"舞台表演+互动"模式，其中《乡村大世界》、《乡约》在户外舞台进行；《阳光大道》是演播室舞台节目，类似选秀节目，加入明星嘉宾点评，增加观看度。科教类节目基本采取新闻类节目形式，没有特定模式。2档服务类栏目形式较为灵活，《食尚大转盘》是采用综艺节目形式做服务，整体氛围活泼有趣；《美丽中国乡村行》是纪录片式的实景拍摄与真实互动。唯一的法制类节目，采用了讲

---

① 参见张国良主编：《电视创意产业》，上海东方出版中心2009年版。

故事的方式来普及法律知识，节目形式通俗易懂，是具有较高收视率的一档节目。

### 2. 节目表现形式创新不够

2014—2016 年农业节目形式上几乎没有大变化，仍旧采取旧有模式，在节目形式创新上仅仅是借鉴火爆节目形式，例如借鉴选秀节目形式。同一档栏目自我创新上在 2014—2016 年的变化很小，CCTV-7 农业频道 14 档栏目中，除了个别综艺节目，由于节目类型的要求进行了一些创新尝试，其他如新闻类节目很少有形式上的创新，已进行的创新都是以全新的一档栏目开启新形式，旧有栏目形式上变化较少。农业节目在形式创新上，可更多地借鉴如真人秀、网络高收视节目，结合自身特点开发新形式。

### 3. 只有《乡约》一个栏目大胆尝试传播新形式显然不够

由于综艺节目的形式灵活多样，是尝试新形式的最佳试验田。CCTV-7 农业节目虽然是专业化较高的节目，但受众地区除了广大农村，很多观众也来自城市。怎样跟上不同受众的收视习惯以及保持与电视大行业的同步发展，才能既增加观众黏性又增加观众数量。自媒体与网络直播的兴起，打破了传统媒体的传播规则，传统媒体的改革也好，"互联网+"转型也好，都是在新技术催生的新型传播方式下进行的突破式发展。CCTV-7《乡约》节目采取的网络实时直播，邀请点击率较高的网红主播在节目现场进行网络直播，这一尝试，不仅是农业节目传播方式新示范，同时也大大提高了节目的曝光率。尤其是《乡约》栏目在高铁、公交、地铁、飞机、楼宇电视等多平台多媒体进行传播的尝试，进一步增加了节目的覆盖面和影响力。但只有《乡约》一个栏目大胆尝试传播新形式显然不够。

## 第四节  CCTV-7 农业节目内容存在的问题

通过对 2014—2016 年农业频道播出的节目内容进行全方位分析，再结合CCTV-7农业频道农业节目内容的现实情况与受众调查情况，通过对比可以发现农业传播的节目内容方面存在以下几方面问题。

## 一、传播的农业信息质量供求矛盾

CCTV-7农业节目中，关于农业信息如农业政策信息、农业科技信息等的节目数量上占节目数的50%，数量上勉强达到了专业频道传播信息的要求，但传播的信息质量上并未达到受众需求。以2017年"两会"报道为例，仅《聚焦三农》节目对此作了特别报道，其他新闻节目并未追随时政热点，时效性较为落后，对于"两会"的报道内容较少。在受众调查中，农业政策的解读是受调查者最希望获取的信息，占总受访人数的23.7%，对于最新农业发展及政策解读的报道内容并未满足受众需求，这方面差距明显。

信息质量供求矛盾很大程度上衡量着一个专业服务类频道的专业性，而其中问题的根源是对专业服务性的深刻认知。在深度访谈中，全国9个省级农业频道的农业信息传播普遍存在信息质量供求矛盾。地方农业频道因为政策等原因，需要自力更生自求发展，因此在谋求发展中都走向了市场化，广告收入成为频道生存的主要来源，政策扶持几乎为零。在这样的状况之下，农业信息内容传播的资源被严重压缩，大部分地方农业频道只有一到两档农业栏目。CCTV-7农业频道在发展中也避免不了生存发展问题。尽管内容质量是节目发展的根本，但避开生存发展谈内容质量也会走入理想化。

## 二、内容普遍忽视地区差异性

CCTV-7农业频道面向的是全国观众，而我国的农业、农村分布也是遍布全国各地，面对南北地区、沿海与内地、高山与平原等地域差异所形成的不同农村农业风貌、不同的地理环境和民俗风情，让落地节目普遍大众化是一种发展选择，内容上趋向大众化，以关照全地域观众。而不同地域的农业节目观众，由于气候、耕种习惯、农时、农业认知等方面都存在较大差异，在进行受众调查时发现，很多农村受众对 CCTV-7 农业节目内容不感兴趣，他们很多人反映从这些节目中得不到自己所需要的信息，反而更愿意收看地方农业节目，而我国地方电视台的农业节目开办与覆盖并不全面。

目前，CCTV-7 农业频道节目所有栏目，还未有涉及关注某一地区的分众节目，关于分众问题 CCTV-7 农业频道并不是没有考虑，《美丽中国乡村行》节目以及各种"走进"系列节目就是属于解决分众需求的节目，但这样的方式并不能有效解决分众需求。有一定收视习惯的受众需要的是更为细化、直接的选择，例如打开电视机选择自己需要的内容。现实情况是选择太少，亟须针对不同区域作出内容上的增补调整。CCTV-7 农业节目现有节目已形成了普遍大众化形态，放弃这一形态需要一定的资源与时间成本，但农业节目必须面对异质化竞争。[1] 前文已经介绍了关于受众分化的问题，不同受众对农业节目的需求不同，因此 CCTV-7 农业节目内容进行细分时首先要明确受众范围，例如针对不同农业产区如东北平原与长江中下游平原的内容细分节目，着重点自然不同，这类节目不仅能更受细分观众欢迎，更是对不同地域的农业生产有很好的指导作用。当然在进行节目细分化选题确定之前，充分根据各地农时考虑各地的农事安排也是非常重要的一个参考因素。

### 三、节目内容与形式同质化严重

目前电视农业节目同质化现象严重，CCTV-7 农业频道农业节目也不例外，根本原因是缺少话题素材。央视拥有丰富的电视资源，不缺少硬件设施，也不乏创作团队，然而农村地域广阔，交通不便，消息相对闭塞，搜集节目素材成本偏高，所以，建立素材库是丰富扩展电视农业节目内容

---

[1]　陈亚栋：《"农"字电视节目如何赢得受众》，《新闻通讯》2001 年第 9 期。

的重点工作。2014—2016 年的 14 档栏目中，以新闻类节目为例，从内容上对比 5 档新闻栏目的标题词频，可以发现话题内容具有很大相似性，热点话题持续度较高；5 档新闻类栏目，都是采取"演播室播报+配音旁白+纪实拍摄+记者采访"的传统套路进行，节目表现形式区别并不大。其他类型的节目，在内容与形式上也没有突出标志性特点。在受众访谈中，有观众反映，节目形式与内容常常在一档栏目中出现后，又在另一档栏目中以同样的套路出现，往往让观众以为一直在播同一档栏目。产生如此尴尬认知问题与节目固化的内容表达形式关系紧密，这也是CCTV-7农业传播难以推出明星栏目的核心原因之一。

那么到底应该如何丰富节目的表现形式？如何丰富视频素材库？首先，要加强关注与"三农"有关的政策、措施。其次，要保持与农村的紧密联系，以保证获得第一手话题资料，做到真正关心农民，为农民说话，履行好农业节目的社会责任。最后，要加强与其他传统媒体以及新媒体的联系与合作，整合媒体资源，拓展农业节目思路。只有占据丰富的资源素材，才有可能创作出与众不同受人欢迎的农业节目。

## 四、内容平台亟须扩充资源

受频道资源和时间段限制，CCTV-7 农业节目与军事节目共用同一频道的现状，使得黄金时间段为军事与农业共享，必然会导致节目编排上的问题。就目前的黄金时间安排来看，农业内容大部分节目都编入了黄金时间段，但这并不意味着优势持续，解决内容平台问题需要厘清农业频道角色定位。国内现有的地方农业频道，虽然各自拥有独立的内容平台，但市场化运作使得农业传播内容在地方农业频道的内容配比中比例极少，这是地方农业频道为维持生存不得已为之，这样的现状使得地方农业频道农业传播已经失去了该有的角色定位。

CCTV-7 作为唯一一个农业传播的全国性频道，但这一频道的内容包括了军事、农业两个主要部分。对于一项专业内容，能够拥有一个完整的频道资源与两家分享同一频道资源，存在很大的差距。在内容承载上的表现，不仅是时间配比这样的表象问题，还关系到农业传播的角色定位问题。电视节目走向市场化的必然性并不适用于公共性内容，市场化与农业传播的关系难以厘清，但农业传播的角色定位要想保持正确的走向，那么提供充分的平台资源保障、提供完善的政策支持是保证农业传播站在公益传播定位上长久发展的前提保障。

# 本章小结

通过本章可以看出，CCTV-7农业传播节目内容专业性定位基本准确，"三农"等选题是农业传播内容选题热点；农业节目内容在时间与类型上的配比与受众调查中的受众选择大致吻合，但传播内容仍然出现了供求矛盾，观众满意度高的节目较少；农业传播信息质量供求出现矛盾、内容普遍忽视地区差异性、节目内容与表现形式同质化等。农业节目形式整体上类同且形式较为传统，传播方式创新不足；农业传播内容改进急需资金、人力等投入。因此CCTV-7农业传播需要充分的平台资源保障、完善的政策支持，是农业传播真正站在公共传播的定位上，更为有效更为专业地进行农业传播的前提保障。

# 第三章　CCTV-7 农业传播接收状况及受众调查与分析

## 第一节　调查样本与调查设计

### 一、调查样本的选择

调查数据显示，本次调查所选择的样本年龄阶段以 1979 年以前出生的人群比例较大，占样本总量的 68.94%；在文化程度分布上，中学文化水平所占水平较高，其中初中文化水平所占比例为 46.32%，高中文化水平为 27.83%，小学教育水平为 19.21%，受过高等教育人员较少，仅占 6.46%；家庭主要经济来源占比最大的分别为依靠务农与外出打工，分别占比 46.88% 与 24.16%，其余经济来源除经商个体户与自由职业者以外，还有部分留守老人主要依靠在城市中的儿女赡养。在受访家庭的经济状况方面，家庭月收入在 1001—3000 元/月的比例最高，占到 40.39%，其次是收入在 1000 元/月以下的占比 24.6%（见图 3-1 至图 3-4）。

我们可以大致从图 3-1、图 3-2 中描绘出两个样本地区农村居民的基本面貌：农村地区的人口构成主要以中老年人为主，中青年群体大多外出务工，留守农村地区的较少。由于城乡二元结构发展的差异性长期存在，教育资源配给不平衡，导致居住在农村地区儿童受教育情况普遍不好，常住人口的文化水平不高，其收入来源在很大程度上依赖农业生产，收入来源结构单一。通过对以上基本数据的分析与研究发现，由于我国农业传播

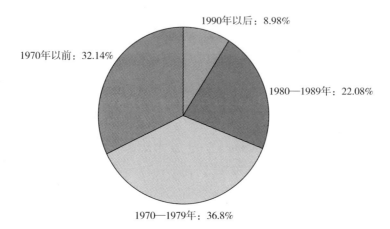

图 3-1　样本年龄阶段分布

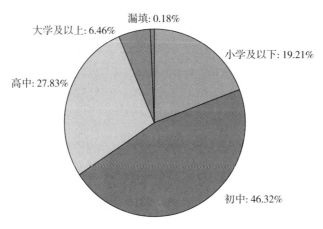

图 3-2　样本文化程度分布

媒体的缺失，农村人口的话语权持续性缺失，基本处于"失语"状态，媒体不自觉地把农村人口视为边缘性群体或少数群体，农业传播媒体忽视了媒体自身应该承担的社会责任，造成了农村地区信息传播长期落后的现状。

## 二、调查设计与实施

### 1. 调查目的

为了更直观地了解目前我国农业传播的效果，考察农村受众的电视接

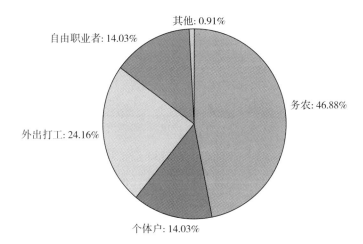

图 3-3 样本家庭经济来源情况分布

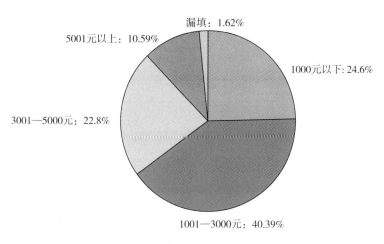

图 3-4 样本家庭月收入分布

触情况、满意度与需求，我们在本次研究中采用问卷调查的研究方法。从我国中部和西部两个地区中各选一处村镇发放问卷，发放问卷的对象是以CCTV-7为传播主体的受众，进行问卷实地调查，旨在通过调查了解农业传播整体现状及存在的问题；受众对传播状况的满意程度、对内容需求情况以及受众与媒体在信息获取与反馈之间的联系。

## 2. 调查样本的选择

我国的中部和西部大部分省市地区，仍然是农业活动的主要区域，农村地区占地广袤，农业人口多，因此我们选择了中部地区的河南省与西部地区的甘肃省作为此次农业传播问卷调查的样本地区。河南省选取的地区为开封市杏花营镇。该镇位于开封市西部，主要进行农业与畜牧业活动。在杏花营镇的调研包含杏花营、大胖、安墩寺、贺砦、刘满岗、李砦、百合、广寨、辛庄、枣林、高砦、龙翔社区、邢堂共计 13 个社区 21 个自然村，采取随机抽样，入户发放问卷共计 360 份。甘肃省选取的地区为兰州市榆中县夏官营镇，该镇主要进行烟叶与花卉粮食种植、牛羊饲养等农业活动。在夏官营镇的调研共含 10 个社区，发放问卷 230 份。我们本次调研所抽取的两个村镇均以农业生产为主要财政收入来源，且均具备有线电视入户的条件。

### 3. 调查的信度与效度

信度是检验本研究此次调查结论的可靠程度的重要因素，效度是检验本研究此次调查结论的准确程度的重要因素。

信度是指被调查者所反映的实际情况的可信程度。信度是对调查对象而言的，它主要是回答调查结果的一致性、稳定性和可靠性问题。[1] 在此次问卷调查中，我们应用回访再测的方式来检验调查的信度。在农业村受众的问卷调查中，调查对象可以匿名并自愿填写联系方式，问卷回收一周后我们对其抽样进行电话回访。通过复测的统计结果，与初次调查结果基本符合。

效度所反映的主要是调查结果的有效程度。在整个调查期间，我们访谈了 CCTV-7 农业频道领导和武汉大学新闻与传播学院相关学者以及样本地区的乡镇领导干部，以确定问卷的有效性。另外，从统计结果上来看，每个样本地点不同，数量也不一样，但结果确实非常类似。这也在一定层面说明此次调查问卷结果的有效程度。

---

[1] 参见水延凯等编著：《社会调查教程》（第三版），中国人民大学出版社 2003 年版，第 131—132 页。

#### 4. 问卷发放与数据收集

本次调查是发放问卷的方式统计数据。由于受调查人群的文化程度、地区方言、年龄等因素差异，问卷的填写主要依靠入户调查，在工作人员的口述下指导完成。开封市杏花营镇回收有效问卷共计343份，兰州市榆中县夏官营镇回收有效问卷共计214份。废卷的产生原因主要为：第一，部分受调查对象配合度较低，较为排斥，不愿意过多透露个人信息；第二，部分受调查对象文化程度较低，有不识字的现象。最后回收的有效问卷数总共557份，有效问卷达94.4%。回收问卷信息输入SPSS数据集，通过统计软件进行数据分析，得到农业传播调查的整体描述。

## 第二节　接收状况数据统计

### 一、收视数据统计与分析

电视虽然现在仍然是接触率非常高的媒介，但是随着互联网尤其是移动互联网的冲击，电视的地位已经受到极大挑战。我们在问卷设计中，首先大致了解了受访者接触的媒介类型的宏观图景，而后针对电视媒介的接触情况进行了深入调研。

通过询问受访者"你每周接触以下媒介的频次"来考察他们的各种媒介的接触情况。问卷结果分析显示，受访样本群众电视媒介接触情况：每天收看为59.1%，经常收看为19%，偶尔收看为14.7%，基本不收看电视为7.2%。互联网接触情况较为乐观，每天接触互联网为33.8%，经常接触互联网为12%，偶尔接触互联网为11.8%，基本不接触互联网为31.8%。广播与报纸衰退情况较为明显，基本不收听广播的受众达到51.3%，不阅读报纸的为60.3%。受访者有7.2%基本不收看电视，最主要的原因是受调查者更喜欢其他的娱乐方式，占29.5%，其次是没有时间看电视，占22.7%，家中没有电视机或没有安装有线的占20.5%，同样觉得电视不好看的占20.5%，选择其他的占6.8%，主要为看电视不方便和更喜欢玩手机。

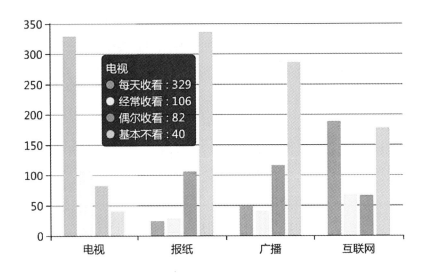

图 3-5 样本媒介接触情况

通过问卷调查，我们更加针对性地了解了农村受众在电视媒介的使用时段与时长情况。在样本户中，主要收看电视的时段在晚上，占 86.2%，其次是中午与下午，均占比 2.7%，上午收看电视占比为 1.1%。电视收看时长上，52.6% 每天收看电视 1—3 小时，21.9% 每天收看电视 3 小时以上，17.8% 每天收看 1 小时以下。这组数据结果从直观上凸显出我国农民生活状态的整体样貌——日出而作，日落而息。使用媒介都是在晚上空闲时间，收看时长的占比也不算太高。

在使用电视媒介的样本户中，可以了解他们感兴趣的节目类型。总体来看，普遍感兴趣的电视节目类型为新闻节目，百分比达到了 70.8%。其次为法制类节目，百分比占 56.1%。第三为综艺娱乐类节目，百分比占 52.0%。其余依次为：农业类节目、科教类节目、民生类节目与体育类节目，"其他"选项中主要填写的节目类型为：少儿节目与戏曲类节目。通过农业村地区人口的媒介接触行为偏好的调查可以发现，虽然存在地域和经济差异的因素，但农民作为社会结构中占比最高的群体，他们对外部世界的变动始终保持关心，对新闻信息的需求仍然较高，信息作为消除人们不确定性的东西，能够为农民群体的生活、耕种等行为提供基本依据。综艺娱乐类节目作为农民群体第二感兴趣的节目类型，反映出农村人口的业余生活单一化现象严重，国家和政府应该提供更加多元丰富的公共服务，拓宽农村人口休闲娱乐的渠道，媒体应该寓教于乐，而非因为单纯娱乐而忽视了公共利益。

**$感兴趣的节目类型 频率**

| | | 响应 | | |
| --- | --- | --- | --- | --- |
| | | 个案数 | 百分比 | 个案百分比 |
| $感兴趣的节目类型[a] | 3.1新闻类节目 | 366 | 22.9% | 70.8% |
| | 3.2综艺娱乐类节目 | 269 | 16.8% | 52.0% |
| | 3.3法制类节目 | 290 | 18.1% | 56.1% |
| | 3.4体育类节目 | 98 | 6.1% | 19.0% |
| | 3.5农业类节目 | 240 | 15.0% | 46.4% |
| | 3.6科教类节目 | 166 | 10.4% | 32.1% |
| | 3.7民生类节目 | 152 | 9.5% | 29.4% |
| | 3.8其他 | 17 | 1.1% | 3.3% |
| 总计 | | 1598 | 100.0% | 309.1% |
| a. 使用了值 1 对二分组进行制表。 | | | | |

图 3-6　样本感兴趣的电视节目类型

在农村地区，随着广播电视"村村通"工程、"家电下乡"等一系列政策的实施，电视在我国农村地区得到了迅速的普及，电视机的入户率也得到了提高。虽然目前传统媒体的接触程度在减弱，互联网普及率与使用率都在升高，但由于经济环境、受教育程度等因素的制约，电视仍是第一主流媒体。相较于其他大众媒介，电视具备了视听兼顾的特色，并且适应着农村受众"家庭化"的娱乐需求。因此，尽管在新媒体异军突起的今天，收看电视依然是农村人口主要的娱乐方式与信息获取来源之一。

## 二、受众收视数据统计与分析

为了更加具有指向性地了解 CCTV-7 农业频道在农村地区的普及情况，以及农村地区受众与该频道的收视情况，我们在问卷中设置了关于频道收视频次、收视时长、收视内容偏好等问题，以下为受众收视情况的数据统计结果。

### 1. CCTV-7 受众收视频次与时长

在使用电视媒介的受访者中有 79.71% 收看过 CCTV-7，20.29% 没有收看过。没有收看过 CCTV-7 的受访者的原因为：37.17% 是由于对 CCTV-7 频道不喜欢，没兴趣；15.93% 看过该频道但觉得没意思，13.27% 由于收看不到该频道，10.62% 不知道有这个频道，23.01% 由于其他原因，主要为顾及家中孩子的喜好以及没有时间收看。

在收看 CCTV-7 的受访者中，经常收看（一周 4 次以上）占 28.54%，偶尔看（一周 2—3 次）占比最大，达 51.2%，间或看过一两次的受众占比 20.26%。在收看时长分布上，1 小时以下占比最大，达 41.58%，其次为 1—2 小时，占比为 40.7%，2 小时以上收看时长为 17.72%。平均收看时长约 1.66 小时。

### 2. CCTV-7 受众收视偏好

由于 CCTV-7 是由农业栏目与军事栏目两个板块构成，因此在收视习惯上，军事类节目与农业类节目都看者占 35.7%，主要收看农业节目者占 30.9%，主要收看军事节目者占 14.9%。综合比较，收看农业节目者比例较多。

91.9% 的受访者在 CCTV-7 农业节目中有自己固定收看的节目。几乎一半的受访者都会固定收看频道王牌节目《致富经》，百分比占 48.2%，占总百分比的 18.4%。其次为《聚焦三农》，占 10.8%。第三为《乡村法制剧场》，占 9.9%。第四为《乡村大世界》，占 9.2%。《美丽中国乡村行》位居第五，占 8.1%，每一档节目都拥有固定的收视群体。

收看者对 CCTV-7 农业节目的期待上，最感兴趣的前五档节目为：

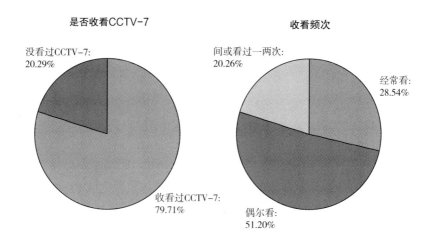

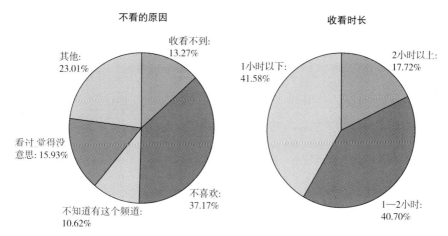

图 3-7 受众 CCTV-7 收视频次与时长

《致富经》，占 18.2%；《聚焦三农》，占 12.7%；《乡村法制剧场》，占 10.7%；《农广天地》，占 10.2%；《美丽中国乡村行》，占 9.4%。数据与固定收看的节目相似，并普遍高于固定收看所占比例。

### 3. CCTV-7 受众满意度

"三农"政策是中国农村人口极为关注的利农、惠农政策，根据调查结果，受访样本户获取"三农"政策的信息最主要的渠道依然是通过 CCTV-7 农业频道，占总比 20.55%。其次为《新闻联播》，占比

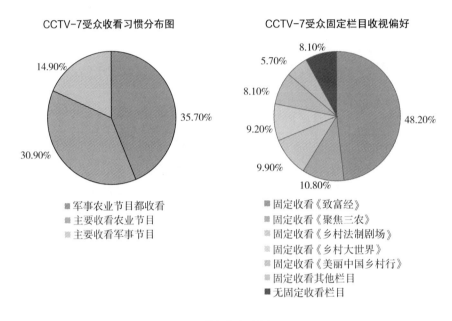

CCTV-7受众收看习惯分布图

14.90%
35.70%
30.90%

■ 军事农业节目都收看
■ 主要收看农业节目
■ 主要收看军事节目

CCTV-7受众固定栏目收视偏好

8.10%
5.70%
8.10%
9.20%
9.90%
10.80%
48.20%

■ 固定收看《致富经》
■ 固定收看《聚焦三农》
■ 固定收看《乡村法制剧场》
■ 固定收看《乡村大世界》
■ 固定收看《美丽中国乡村行》
■ 固定收看其他栏目
■ 无固定收看栏目

CCTV-7最期待收看的栏目

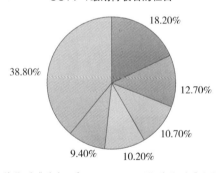

18.20%
12.70%
10.70%
10.20%
9.40%
38.80%

■ 最期待收看《致富经》  ■ 最期待收看《聚焦三农》
■ 最期待收看《乡村法制剧场》 ■ 最期待收看《农广天地》
■ 最期待收看《美丽中国乡村行》 ■ 最期待收看其他栏目

图 3-8　受众 CCTV-7 收视偏好

19.59%。除此，网络也成为农民获取政策信息的重要渠道，电脑上网与手机上网联合总占比达到了 21.71%，一跃成为后起之秀，赶超报纸、广播等诸多大众媒介，以及干部传达、村组会议等形式的口头传播。另外，该问题回答中的其他选项也主要为来自邻居等人际传播渠道。由此可见，农业频道在农村受众当中依赖程度较高，受众可以通过农业频道实时获取到自己所需要的政策信息，农业频道在农村地区具有较高的权威性，但面对互联网的迅速普及和网速等技术的极大提高，其地位也受到了一定程度的挑战。

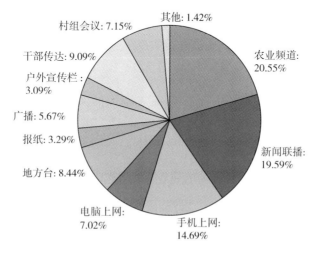

图 3-9　获取"三农"政策的信息渠道分布

与政策类信息来源渠道相同，农村受众首先所关心的农业生产、市场、销售等经济类信息最多的获取渠道来自农业频道，占 36.49%。其次为通过农科站、乡镇政府等渠道被告知，占 23.64%。第三是在农村中较为普遍的人际传播渠道，占 15.25%。通过专业网站获取指导信息的受众占 13.62%，报纸和广播在此类信息传播中功能较弱，仅占 7.63%，其余分别通过参观高科技农业展和并不接受外界指导，凭借自身经验进行市场活动。

除政策类信息以外，农业科技类节目占据了 CCTV-7 中部分栏目板块。根据问卷数据，在受访者中，47% 的受众偶尔（一周 2—3 次）收看此类型节目，29% 的受众看过一两次，24% 的受众一周观看此类型节目 4 次以上。关于"是否希望通过农业频道获取更多农业科技相关信息"的问题上，65% 的受访者表示希望，31.8% 的受访者认为无所谓。受众对于

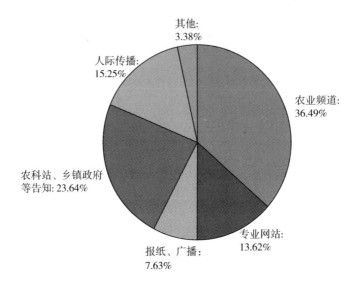

图 3-10 受众获取市场信息渠道分布

从农业科技相关信息的期待程度与收看此类型节目的情况较为不匹配，这体现了受众的期待与需求在节目的收看中没有得到充分的满足。

从上述收视状况总体来看，目前 CCTV-7 在农村地区普及程度较高，在农村受众中树立了一定的权威性，是受众获取相关信息的主要渠道。但与其普及程度相比，收视时长显得较短，这显示出农业传播的缺失。首先，节目数量匮乏，节目内容吸引力较弱。在固定节目收视的调查中，有8.1%的受众并不固定收看节目。其次，节目时间短，播出时间边缘化。农业栏目所播出的时间较为不匹配，农民看电视的黄金时间从 18：00 到 21：00，在这一时段内却没有一档高质量的农业节目。农业节目中受众量最高的《致富经》首播时间经过调整后，目前是 21：17—21：47，重播时间为13：42—14：12，其节目播出时段与时长都达不到"利农"的水平，不能满足受众需求。另外，根据问卷数据对比，受众对于该频道在播的感兴趣程度均高于他们固定收看这些节目的比例，以及受众对于从农业频道获取市场、科技等信息都表现出较高的期待，但此类型节目的收视频次并不太高，从一定层面也说明了受众的需求并没有在现有的节目设置上得到很好的满足。

# 第三节　受众满意度、受众需求与期待分析

在 CCTV-7 的受众情况考察中，除了对其频道接触情况、内容偏好情况及满意度的测量以外，受众的需求也是其中一个重要的部分。围绕这一问题，我们在问卷中将涉农信息划分成政策新闻、市场经济、科技致富三个维度以及如果农业频道可以提供信息服务他们最想获取什么。通过以上层面的问题来调查受众想要通过农业频道获取什么样的信息，农业频道应该对受众传播什么样的内容。

## 一、政策新闻类信息

根据前文所述，农村受众获取政策、新闻类信息最主要的渠道为农业频道，在涉农新闻的内容上，受访者所关注的程度前五位依次为："医疗/社保"类新闻占 23.48%，"政策新动向"类新闻占 16.9%，"法律保障"类新闻占 14.2%，"民生"类新闻占 13.64%，"经济"类新闻占 12.29%。根据我们对 CCTV-7 现有的节目内容统计分析，目前还没有"医疗/社保"类型的节目内容，与此相关的新闻内容也较为缺乏，而这正是农村受众最为需求的。在法制相关的内容上，CCTV-7 设置了《乡村法制剧场》这档栏目，这档栏目以短剧和较为贴近农村生活的题材进行普法，满足了农村受众的娱乐与法律知识获取的双需要，根据调查数据，这档栏目在受众中有较高的收视率和较多固定收视人群。但这档栏目着力点在"普法"，并不能很好地满足农村人口这一弱势群体对法律保障的需要。目前，中国的农村普遍现状为，青壮年劳动力外出打工，家中留守老人照看儿童隔代教养，这部分群体对劳动力外流导致的教育缺失以及经济上的限制使他们更希望获得更多的法律援助、法律保障以及医疗社保的相关信息政策，这是农业传播频道应当去侧重的信息内容之一。

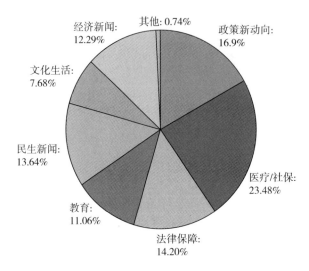

图 3-11　受众关心的涉农新闻类型分布

## 二、政策新闻类信息市场销售类信息

受调查者获取市场信息的主要渠道为农业频道，占 36.49%，但综合来看，以人际传播为主导的农村地区，市场销售类的信息通过口头传播则占据了一席之地。如农科站、乡镇政府告知，占 23.64%，其次通过邻居、能人获取也是主要渠道之一，占 15.25%，3.38% 选择其他渠道的，主要通过市场、种子站、外出参观高科技农业和不接受外界指导直接售卖、凭借自身多年经验的"经验派"。

对于是否希望电视能够提供更多的市场信息，65.7% 的受调查者持肯定态度，32.7% 的受调查者则认为无所谓。在对市场信息感兴趣程度上，32.9% 的受调查者对于市场信息感兴趣程度一般，28.2% 比较感兴趣，26.2% 非常感兴趣，9.2% 不太感兴趣，3.1% 完全不感兴趣。

这说明尽管人际传播占据着一席之地，但农村受众依然对农业频道可以为他们传递更多新鲜的市场信息抱着较高的期待。这意味着在市场经济方面，农业频道需要为他们提供相较于人际传播而言更权威、更及时的内容和更加科学的销售指导。

### 三、农业科技类信息

受访者获取农业科技相关知识的最主要渠道为农业频道，占 32.7%，与市场销售类信息十分相似，人际传播也同样为农业科技知识的重要接触渠道，如咨询邻居、能人等，占 26.3%，农科站与乡政府的告知，占 16.2%。对于"科技种田、科技致富"等内容感兴趣程度上，30.9% 对此非常感兴趣，27.5% 比较感兴趣，33.2% 感兴趣程度一般，6.6% 不太感兴趣，1.8% 完全不感兴趣。

受调查者对于农业科技相关信息的期待情况上，65.5% 希望电视为他们提供更多的农业科技相关信息，31.8% 认为这些信息对于他们无所谓。

农业科技类节目在 CCTV-7 中占有一席之地，如《科技苑》、《农广天地》等，重点是推广农业科技知识，传播农业科普知识。但根据前文对农业科技类节目的收视频率以及频道所有节目的收视比例来看，此类型的节目收视情况并不太乐观。这说明科类信息其实在农村群体中应有市场，但并没有被完全激发，受众需求没有得到满足，这要求农业频道对节目内容应该作出适当的调整，如何制作可以吸引受众的科技教育类节目，去满足农村群体想要实现提高劳动技能、提升生产效率、增加农民收入的夙愿。

### 四、对信息与服务期待情况

互联网的飞速普及农业村地区的影响力可见一斑，"信息与服务"是传统媒体与互联网思维相结合的重要一环。因此我们在问卷中设计了"最期待从农业频道获得什么信息与服务"的问题。

农业政策的解读是受调查者最希望获取的信息，占 23.89%。第二为涉农新闻，占 23.22%。第三为农业生产信息，占 19.3%。第四为市场信息内容，占 18.86%。第五为农业题材的综艺节目，占 14.72%。0.01% 的其他信息主要为：全国农作物的地区产量物价信息、生活服务与农村社保、医疗公开。

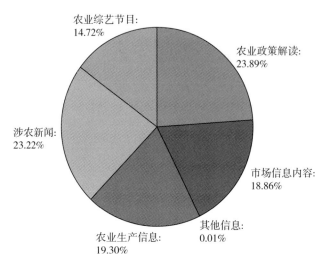

图 3-12　对信息的需求类型

　　对于农业频道所提供的服务中，农业产品销售、网销指导的期待度最高，占 21.81%。其次为重大困难求助，占 17.75%。第三为法律援助，占 17.44%。第四为就业信息，占 13.24%。第五为城市三甲医院挂号服务，占 11.63%。其他选项占 1.68%，认为并不需要农业频道提供以上服务。

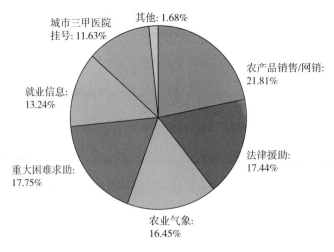

图 3-13　对服务的需求类型

通过以上数据统计，CCTV-7作为当前中国最大的农业传播平台，依然是农民各类信息最主要、最权威的来源。而"政策"与"致富"，是农民最为关心的信息类型。意味着CCTV-7具备着信息量大、权威度高的，地方农业频道无法企及的地位。受众的需求应该成为频道节目设置的走向，农村受众需要什么样的节目，农业传播就应该制作什么样的节目。农业传播主体对此的关心明显缺失，作为这一传播体系的领头羊，CCTV-7农业频道所承载的使命任重道远。

# 本章小结

整体来看，在受众满意度与受众需求方面，农村人口的话语权持续性缺失，基本处于"失语"状态，媒体不自觉地把农村人口视为边缘性群体或少数群体，忽视了媒体自身应该承担的社会责任。虽然目前传统媒体的接触程度在减弱，互联网普及率与使用率都在升高，电视仍是第一主流媒体。收看电视依然是农村人口主要的娱乐方式与信息获取来源之一。

从收视状况总体来看，目前CCTV-7在农村地区普及程度较高，在农村受众中树立了一定的权威性，是受众获取相关信息的主要渠道。节目的收视频次并不太高，从一定层面也说明了受众的需求并没有在现有的节目设置上得到很好的满足。CCTV-7作为当前中国最大的农业传播平台，"政策"、"致富"、"科技"与"民生新闻"，是农民最为关心的信息类型。农业政策上传下达、农业科技、民生问题应该是农业传播的核心内容。

# 第四章　CCTV-7农业传播运营
# 现状调查与分析

电视作为在农业传播体系中稳居核心位置的媒介，有义务与责任办好农业传播，为农村受众服务。然而，农业传播除了存在覆盖率高、收视率低的问题外，还受到媒体经营理念、媒体内外部环境等因素的影响；并且农业传播主要受众群体是收入与消费水平都较低的农村人口，注定了农业频道在广告上不会争取到太多的支持，尽管如此，农业频道作为传播农业信息的重要媒体，在我国还是非常必要的。因此，我们以深度访谈的形式，针对农业传播媒介之首的CCTV-7农业频道进行了调研，以期通过了解其传播现状与经营现状，寻求农业媒介发展生存模式。

## 第一节　调查设计

### 一、研究方法

本章节主要采用深度访谈的研究方法，旨在对农业传播主体——CCTV-7的运营与传播现状得到更权威的资料和更深入的了解。在对访谈对象的抽样实施中，我们随机抽取了该频道广告部、经营管理处、财务处以及《科技苑》栏目和《致富经》栏目的工作人员5名，进行访谈后整理资料。再随机抽取高层管理人员3名对访谈资料进行补充与审核，以确保访谈材料的真实性与有效性。

## 二、农业传播主体样本概况

此次深度访谈将以 CCTV-7 农业频道作为主体样本。CCTV-7 是我国唯一一个全国性的农业频道（严格意义上来说，只能称其为"部分农业"，因该频道全称为"军事·农业"频道，农业节目仅占三分之一偏多。）。1995 年 12 月，中央电视台"少儿·军事·农业"频道开始试播，1996 年 1 月 1 日正式播出，2001 年改版为"军事·农业"频道。1996 年上星后，在全国有线电视网络的铺设下，目前覆盖省份 31 个，覆盖人口达 12.84 亿。CCTV-7 农业栏目的观众规模仅次于 CCTV-1，该频道是最早开播的，也是目前为止最为权威的全国性农业电视频道，因此将其作为深度访谈的主体样本，从接收普及程度而言较具备普适性与代表性。

# 第二节　CCTV-7 农业频道传播现状

## 一、CCTV-7 农业频道接收状况

CCTV-7 在我国覆盖范围广，可收视范围仅次于 CCTV-1，观众人数也在逐年增长。根据访谈所获取的资料数据，2012 年，该频道观众规模达 11.95 亿，覆盖率为 91.5%；2013 年，观众规模达 12.65 亿，覆盖率为 96.8%，到 2016 年 12 月覆盖总人口数达 12.84 亿，仅次于 CCTV-1，在全国上星频道中排名第二。[①] 农业传播作为一种传播活动，其中需要接收与反馈等基本要素，尽管在邮电通信"十五"计划实施后，我国在通电行政村内基本建成了"村村通"工程，但实际情况，在西部等欠发达地区的农村电视信号仍处于不够稳定的状态，工程尚有盲点，这些都影响农业传播的传播效果。在新农村建设加快进行的背景下，随着"西新工程"和"农村电影放映工程"等一系列工程的推进，我国农业传播的技术环境逐渐有了改善。第一期广播电视"村村通"工程已于 2005 年年底

---

① 数据来自 CCTV-7 访谈材料。

结束，我国共完成 11.7 万个行政村和 8.6 万个 50 户以上自然村开通广播电视的任务，解决近 9700 万农牧民收看收听广播电视节目的问题，而到 2010 年年底，实现 20 户以上已通电自然村"村村通"广播电视，使这些地区的农民群众将能够收看 CCTV-1、CCTV-7 和本省一套在内的 8 套以上电视节目。同时，广电部门还加强无线覆盖，80% 以上的农村人口能够收看到 CCTV-1、CCTV-7，并积极推进"西新工程"，在西藏、新疆等边疆少数民族地区提高广播电视覆盖率。① 从接收状况到人口覆盖与区域覆盖能力，CCTV-7 农业频道作为全中国最大的官方农业传播平台，其依托中国农业电影电视中心及其上级主管部门国家农业部等资源，充分发挥着农业主流媒体的作用。

## 二、CCTV-7 农业频道受众收视状况

目前，CCTV-7 农业频道共设置农业栏目 14 档，许多内容都直接取材于农民的生产生活，在全国观众中建立了优良的口碑与形象。在历年开展的农业频道栏目满意率调查中，《致富经》、《科技苑》、《聚焦三农》等栏目都在观众中拥有较认可度。CCTV-7 农业频道每天播出时长大约 8 个小时，在 2010—2013 年 CCTV-7 年收视率排名前 10 中，农业频道的栏目总数有 7 个稳稳占据在前 10 名中，比起数量，比例大了很多（如图 4-1 所示）。

值得注意的是，该频道虽以宣扬"三农"，围绕利农、惠农为传播宗旨，但农业频道传播的很多内容，城市观众也很感兴趣，并且有时候城市收视率还高于农村。尤其像《科技苑》栏目设计的科普知识等对高学历人群也有较大吸引力（如图 4-2 所示）。

---

① 王自宸：《荆州电视台对农节目〈垄上行〉研究》，华中师范大学硕士学位论文，2013 年。

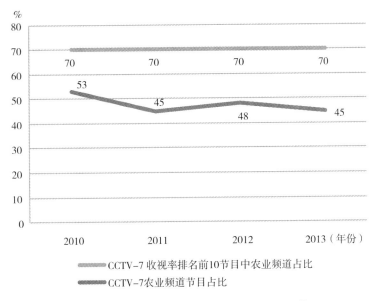

图 4-1　CCTV-7 收视率前 10 农业节目占比①

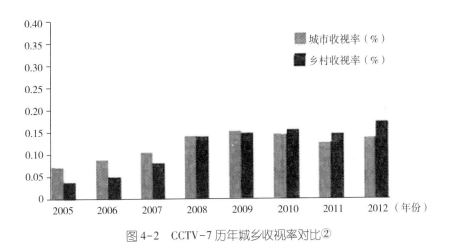

图 4-2　CCTV-7 历年城乡收视率对比②

---

① 数据来自央视发展研究中心，CCTV-7农业节目传播影响力分析报告。
② 数据来自 CSM 央视索福瑞。

结合城市收视后，节目的收视率排行与前一章节农村地区的调查结果产生了变化。根据官方访谈所获取的 2016 年平均收视率数据，排名前 5 位农业节目的分别为《乡约》、《每日农经》、《致富经》、《食尚大转盘》、《乡村大世界》（如表 4-1 所示）。可以判断，在众多类型栏目中，受众比较偏爱收看经济类与综艺类节目。

表 4-1　CCTV-7 农业频道收视率前 5 名排名情况

| 节目名称 | 平均收视率（%） |
| --- | --- |
| 《乡约》 | 0.290 |
| 《每日农经》 | 0.256 |
| 《致富经》 | 0.247 |
| 《食尚大转盘》 | 0.207 |
| 《乡村大世界》 | 0.199 |

随着自主媒体的迅速发展，农村观众对新媒体的使用也越来越多，甚至很多农村观众也开始网络查询节目。而其中做得不错的一些节目，因为其信息实用性强等特点在网络上也呈现稳步上升的搜索态势。尤其像《乡土》、《乡约》这两个栏目表现抢眼。并且在央视栏目综合评价的网络传播力排名中，农业节目有 5 个栏目排名前 30 位：《致富经》排名第 6，《乡土》排名第 13，《科技苑》排名第 18，《每日农经》排名第 27，《农广天地》排名第 29（如图 4-3 所示）[1]。

目前，作为观众规模仅次于 CCTV-1 的全国第二大频道，CCTV-7 所占市场总份额达 1.54%。截至 2016 年 12 月，CCTV-7 2014—2016 年的收视率分别为：2014 年，0.174；2015 年，0.179；2016 年，0.172，已基本处于较为平稳与成熟的收视状态。

---

[1]　《CCTV-7 农业节目传播影响力分析报告》，《声屏世界·广告人》2015 年第 7 期。

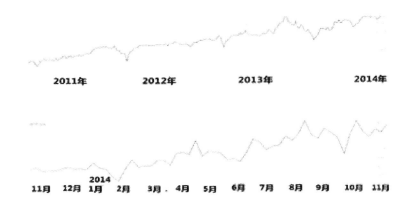

图4-3　2011年1月至2014年11月《乡土》百度搜索量①

总之，以上各项指标都显示，CCTV-7农业频道是当之无愧的农业传播第一电视媒体。

## 第三节　CCTV-7农业频道经营成本现状

对于电视媒体来说，经营就是"以渠道和内容获取收视份额及广告收益，并不断积累品牌影响的过程，以渠道和内容为基础，增加观众规模、提升观众忠实，积极促进收视效果向广告收益转化，进而以品牌为承载，增进无形资产，形成可持续发展动力，这即是电视媒体不断自我强势的必由路径。"② 通过访谈我们对CCTV-7农业频道的运营成本与营收状况进行考察，了解该频道的运作机制与生存模式。

### 一、节目制作成本

媒体人常讲的"内容为王"几个字充分说明了传统媒体内容的重要

---

① 数据来自百度指数。
② 郑维东：《从资源重整到价值提升：对当前电视市场竞争的一种观察》，《广告大观》（理论版）2009年第4期。

性。从节目制作上来看，CCTV-7 农业频道经过二十多年的发展，不仅已建立起拥有全国最为出色的创作团队，更是打造出一批自己拍摄制作的 CCTV-7 王牌主打农业栏目，像《致富经》、《聚焦三农》、《乡村法制剧场》和《科技苑》等，并且全部是自制类节目。除此，《每日农经》、《农业气象》、《食尚大转盘》、《乡土》、《乡约》、《阳光大道》也均为自制类栏目。科教型节目《农广天地》为农业部系统内自制节目，同为科教类的周播节目《绿色时空》为国家林业局自制节目。也就是说，CCTV-7 农业频道全档节目几乎全部自主生产，因此在节目制作成本上不产生节目购买等费用。除日常节目制作以外，频道以扩大社会影响力为主要追求，积极策划大型活动和特别节目，并投身电影创作，着力打造"三农"领域影视精品，以国家扶持的公益影片为龙头，做强纪录片，做大电影，打响"农影制造"品牌。

根据访谈资料，CCTV-7 农业频道 2014—2016 年在节目制作投入金额如表 4-2 所示。CCTV-7 农业频道在节目制作上逐年加大投入，尽一切努力提高节目质量。每年在节目制作上投入资金约占总经费的 41%，从节目制作上来看，CCTV-7 大多数较"接地气"的节目内容，一般采访地点都地区偏远、交通不便、采访录制周期较长，这直接导致了制作成本的上升。

表 4-2　CCTV-7 农业频道节目制作经费投入情况

| 年份 | 投入金额（万元） |
| --- | --- |
| 2014 | 11900 |
| 2015 | 12315 |
| 2016 | 14037 |

## 二、传播运营成本

CCTV-7 农业频道在传播运营的投入上，主要是工作人员工资福利与深入农村开展地区惠农活动等两方面。

除了传统媒体的运营投入以外，面对着互联网等数字技术在农村地区的不断普及，CCTV-7在新媒体领域进行了诸多的尝试和投入。CCTV-7农业频道目前的传播渠道有：有线电视、农视网、电脑客户端、手机客户端等。目前农业频道也已成立了专门的新媒体部门，并且在微信、微博、客户端等新媒体建设上投入大量人力、物力和财力，加强"农视网"的运营生产，主要提供供销信息、市场行情、技术问答等服务，支持节目回看和每一档栏目清晰的节目安排与栏目联系方式。在新媒体运营上，CCTV-7农业频道工作人员大约投入35人，平均年龄约27岁。从一个新媒体部门的工作人员数量就可以大致判断出频道内部工作人员数量庞大。并且农业频道也会定期邀请专业机构或学界资源对自身节目进行评估调研，更好地提高频道质量，实现品牌维护与品牌创新。因此，工作人员的工资福利占据频道运营经费的大半。根据访谈对象所提供的年平均占比，工资福利约占每年经费的52%。

除工作人员薪酬以外，另一传播成本主要产生在线下的活动筹办上。农村受众作为一个人际传播、口碑传播为主的群体，传播平台的信誉资源也是值得关注的。根据调查小组访谈报告，CCTV-7农业频道在线下积极倡导社会公益活动，推出了多项帮助农村弱势群体以及贫困地区的社会公益活动，定期举办送科技下乡，推广农业先进技术，传递经济和科技信息。一系列公益活动的开展有效提高了CCTV-7在农村群体中的形象构建，提高了其传播的信度。

## 第四节　CCTV-7农业频道经营收入状况

### 一、广告收入逐年增加

在收入构成上，2014—2016年度广告总收入数据如表4-3所示，呈上升趋势。CCTV-7农业频道自2016年年初提出农业供给侧改革以来，农业频道大胆改革，提出了在坚持定位和导向不出问题的前提下，一切向创作一线倾斜、一切向经营一线倾斜的政策，广告经营收入在这种无论经济大环境还是新媒体剧烈冲击的情况下，仍然取得广告收入的持续增长，非常难得。

根据 2012 年全国城乡观众面对面入户调查数据显示，CCTV-7 农业频道核心受众是"涵盖城乡、以农民为主、涵盖个体劳动者、工人等职业，35—54 岁，男性偏多，对增收致富和家庭和睦有强烈需求的人群。"[1] 因此，从广告市场投放的视角来说，农业频道比较适合跟农业生产高度相关的产业和产品投放，数据显示农业频道也吸引了很多国内知名大农业集团公司投放。像：中粮集团、贵州开磷集团（化工企业）、湖北宜化集团（化工企业）、国投新疆罗布泊钾盐有限责任公司（化工企业）、中化重庆涪陵化工有限公司（化工企业）、贵州西洋集团（化工企业）、中盐安徽红四方股份有限公司（化工企业）、湖北兴发化工、皇明太阳能股份有限公司等。可以明显看出，广告收入是 CCTV-7 最主要的收入来源。

表 4-3　2014—2016 年 CCTV-7 农业频道广告收入情况

| 年份 | 广告收入（万元） | 占整体收入百分比（%） |
|------|------------------|------------------------|
| 2014 | 20000 | 70 |
| 2015 | 21754.72 | 67 |
| 2016 | 24097.7 | 71 |

## 二、国家财政补贴状况和主业外多元化经营状况

根据访谈，除广告收入以外政府也对该频道给予拨款扶持，2014—2016 年约增长 7%。除政府拨款（见表 4-4）以外，频道的其他收入来源主要为：演播室及银海大厦物业租赁收入、音像出版社上缴管理费收入、

———————

[1] 《CCTV-7 农业节目传播影响力分析报告》，《声屏世界·广告人》2015 年第 7 期。

电影版权收入、利息及其他零星收入。

表 4-4　2014—2016 年 CCTV-7 农业频道政府拨款情况

| 年份 | 政府拨款占整体百分比（%） | 其他收入占整体百分比（%） |
|------|------|------|
| 2014 | 19 | 11 |
| 2015 | 17.60 | 10 |
| 2016 | 18 | 6 |

# 第五节　CCTV-7 农业频道混合型体制下的双重资源消耗补偿机制

　　根据以上访谈资料对 CCTV-7 农业频道运营成本与营收状况的考察，可以将该频道所实行的运作机制概括为"混合型体制下的双重资源消耗补偿机制"，即媒介经济来源为双重资源补偿机制，主要依靠广告与多元化经营为主导的市场化运作，其次为国家财政拨款的补贴。下面将从频道经营的外部环境与频道内部多元化的经营模式展开讨论。

　　CCTV-7 农业频道拥有许多媒介资源和平台，电视频道、网络媒体等。自 1978 年推动文化体制改革以来，传媒领域开始的事业单位改革持续推进，我国的媒体单位已经由以前的完全依靠财政拨款的事业单位逐步转变为事业单位、企业化管理。这种转变从一定程度上来说其实阻碍了媒体农业传播的发展，其主要表现为：媒体为了提高自身利益最大化，会着力追求媒体自身的商业价值，再加之中国农民在经济地位上属于明显弱势群体，存在文化程度低、被关注度低的情况，因此，农业传播所能占据的资源少之又少，故无法壮大起来。相比其他中央级频道及省级卫星频道，明显存在着质与量的差劣。

　　我们国家的媒体是党和政府的喉舌，代表的是党和人民的利益，因此在政治上必须保持坚定的政治立场，在政治导向上绝对不允许出现任何问题。自改革开放以来，国家给予农村事业大量的关注，推动农村各项事业发展作为促进我国各项事业可持续稳定发展的重要基石，尽管眼下还没有进行相关的新闻立法，从法律上促进发展农业节目，但是近些年来制定颁布了大量农业传播业务领域的相关指导意见。如：国家计委、国家广电总局 1999 年 4 月 9 日发布计社会〔1999〕390 号文件《关于进一步加强农村广播电视覆盖工作的通知》；为解决广大农民群众听广播、看电视难的问题，1998 年党中央、国务院决定启动广播电视"村村通"工程，国办发〔2004〕60 号文件《国务院办公厅转发广电总局等部门关于巩固和推进村村通广播电视工作意见的通知》；2005 年年底，中共中央办公厅和国务院办公厅联合下发《关于进一步加强农村文化建设的意见》，要求中央和部分省级电视台要注重开办面向基层、服务"三农"的专门的农业频道和节目。2006 年 4 月，国务院则在《全民科学素质行动计划纲要（2006—2020 年）》中强调电视在"三农"工作中的重要作用，要求电视台、广播电台大幅增加农业科技节目的播出时间；为贯彻落实党的十六届五中全会精神，按照党中央、国务院关于推进社会主义新农村建设和进一步加强农村文化建设的部署，经国务院同意，现就进一步做好新时期广播电视村村通（以下简称"村村通"）工作国办发〔2006〕79 号《国务院办公厅关于进一步做好新时期广播电视村村通工作的通知》；国办发〔2007〕38 号文件《国务院办公厅转发广电总局等部门关于做好农村电影工作意见的通知》中提到做好农村电影工作，努力让广大农民群众看到、看好电影，是贯彻落实党的十六届五中、六中全会精神的重要举措和建设社会主义新农村的重要内容，对于宣传党和国家的路线方针政策，发展农村先进文化，实现和保障农民群众的基本文化权益，普及科学技术知识，提高农民群众的思想道德、科学文化素质，丰富农民群众精神文化生活，促进农村经济社会协调发展，具有十分重要的意义；2007 年 12 月 28 日《广电总局关于加强互联网传播影视剧管理的通知》指出各级广电局要积极引导并鼓励影视节目制作机构多生产适合在互联网上传播的内容积极健康的影视剧，使积极健康的网络视听节目占据主导地位，推动和加快我国互联网视听服务产业的建设和发展；2009 年，国家广播电影电视总局先后下发《关于促进高清电视发展的通知》（广发〔2009〕58 号）和《关于促进高清电视发展的补充通知》（广发〔2009〕69 号），明确了高清电视发展的原则、措施和要求，批准中央电视台新闻综合频道和北京等 8 个卫视频道高、标清同播。2010 年 9 月 2 日，国家广播电影电视总局发布《广电总局关于进一步促进和规范高清电视发展的通知》，要求各级广播影视部门要进一步认识发展高清电视的重要意义，继续采取有力措施，切实加大工作力度，将总局 2009 年关于促进高清电视发展的两个《通知》精神落实到位；国家文化部 2013 年 1 月出台的文化部关于印发《全国文化信息资源共享工程"十二五"规划纲要》的通知中强调紧密结合国家"三网融合"发展战略，加强与广播电视和信息产业等部门的合作共建，推广各地文化共享工程"进村入户"的先进经验，结合各地实际，通过直播卫星、互联网、通信网、有线（数字）电视、网络电视等多种方式，将文化共享工程的资源送入居民家庭。2016 年 4 月 27 日国务院办公厅印发《关于加快推进广播电视村村通向户户通升级工作的通知》对在广播电视村村通基础上加快推进广播电视户户通作出全面部署，明确到 2020 年基本实现数字广播电视户户通，形成覆盖城乡、便捷高效、功能完备、服务到户的新型广播电视覆盖服务体系；2018 年 1 月 2 日，中共中央、国务院发布《关于实施乡村振兴战略的意见》指出推动农村基础设施提档升级。继续把基础设施建设重点放在农村，加快农村信息、广播电视等基础设施建设，推动城乡基础设施互联互通。而从 2004 年起至 2018 年，中央一号文件已经连续 15 年聚焦"三农"，建设社会主义新农村中一个重要任务就是加强农村文化建设，这为各级电视台农业节目的发展营造了良好的政治生态环境。

从经济环境来看，随着近年来我国经济的高速发展，人民收入不断提高，农村人口除了对物质水平要求增长以外，对精神文化的需求也显得更加迫切，文化消费进入到快速增长期，农村人口的自主意识、权利意识在不断增强。以电视、报业为代表的传统媒体亦是如此，专注于自身的改革与转型。但"事业单位，企业化管理"带来的尴尬处境让电视台生存定位也出现难题，到底是应该坚持公益为主进行公益性运行呢？还是以商业化为主想方设法提高经营收入更好呢？

目前看来，CCTV-7农业频道的营收来源主要来自广告收入以及其他零星收入的多元市场化运作。但与其他频道不同之处在于，作为一个目标受众为农民的平台，无法吸引广告投入较高的产品和产业进入，如汽车、房地产业等高消费产业，此类广告多青睐于目标受众消费力较高的平台。因此，以化工、农资产品为主的广告收入较为薄弱，且无法支撑其更多的节目成本需要。

## 第六节　CCTV-7农业频道的生存困境

首先，"电视的重要任务之一，即提供娱乐并为那些实际上被社会其他人所忽视的大量人群的存在提供意义。"[1] 而CCTV-7农业频道作为这样一个目标受众为弱势群体的传播平台，虽在资源占有量、影响力、传播力上都具有其他省地级农业频道无法匹敌的垄断地位，但作为一个自收自支的农业频道，首要面临的问题便是生存。而与它的受众一样，由于农业传播内容的性质注定了它身处弱势，即：高投入成本，低收益回报。在人力资源上，偏远的录制环境和较差的采访环境隔离了更多人才的进入。

其次，无论是国家政策抑或频道管理设置，最初的设想都致力于打造一个惠农、利农的公益性传播频道，而现实却往往与之背离。资本力量与

---

① ［英］大卫·麦克奎恩：《理解电视：电视节目类型的概念与变迁》，苗棣等译，华夏出版社2003年版，第157页。

市场力量的不被约束导致了媒介力量的单一，农民们希望通过 CCTV-7 农业频道这一权威渠道获取更多的服务与信息，但必须走商业化之路的频道经营方式却没有力量承担。以早期的教育频道为例，原本的教育节目应当属于公益事业，但因资金投入的匮乏，使得教育台在经营过程中渐渐变质，甚至许多教育台与地方都市频道并无两样，更甚者为了占据收视率提升广告价位，不得不行商业之事使节目"变味"，播出一些品位不高、与频道定位无关的内容。之所以出现这种局面，很大程度也是频道的无奈之举。

当下面对互联网思维热潮袭来，受众有了更多要求，传播势必被要求提供更多的服务。各种自媒体、社会媒体虽然对电视冲击强烈，但受技术、资金等多方面影响，电视依然是农村观众的第一选择。这也就为以 CCTV-7 农业频道为代表的农业传播平台的快速发展提供了时机。尽管国家给予 CCTV-7 农业频道部分财政扶持与拨款，但面对如此庞大的受众群体与广袤的农村土地资源，过度地依靠广告等市场化经营收入也会使频道经济上力不从心，无法承担过多的公益性活动与无偿服务。但频道所拥有的大量媒体资源，在受众群体中建立的品牌形象和强大的影响力，都在促进"三农"问题解决的过程当中扮演着不可或缺的权威角色，因此，农业传播必须建构农业传播的公共传播体系，才能更加行之有效地实现其价值最大化。

## 本章小结

在频道运营上，CCTV-7 农业频道 2014—2016 年在节目制作上的投入在持续加大，由于农业节目的特殊性，地区偏远，交通不便，采访录制周期较长的特殊性，其制作成本也比较高。在传播运营的投入上，主要是工作人员工资福利与深入农村地区开展地区惠农活动方面，另一传播成本主要产生在线下的活动筹办上。

CCTV-7 农业频道收入主要依靠广告与多元化经营为主导的市场化运作，在收入构成上，2014—2016 年广告总收入呈上升趋势。其次为国家财政拨款的补贴，但政府扶持力度不大。农业频道的其他收入来源主要为：演播室及银海大厦物业租赁收入、音像出版社上缴管理费收入、电影收入、利息及其他零星收入。农业传播主体收入高度依赖广告，造成运营方面农业传播的公益性不断在淡化，而商业性在加强，带来的直接后果就是无法承担过多的公益性活动与无偿服务，因此农业传播要回归公益性的传播定位，而不是继续走市场化、商业化的道路。只有这样才能更加行之有效地实现其农业传播价值最大化。

# 第五章 基于公共传播的农业 传播发展战略定位

基于前面几章的分析我们可以看到，农业传播应该是公益性传播，不应该过度依赖市场化的广告收入。伴随着时代变迁而来的是社会的发展与进步，我国从计划经济体制转入市场经济体制，这种变化对社会整体环境带来了前所未有的影响，并渗透至各个层面。仅有的农业频道，囿于市场逻辑和追逐经济利益，频道的发展方向存在错位，其传播效果也差强人意。我国现行的传媒体制，媒介归国家所有，属于国家媒介，承担着宣传国家政策方针和传播意识形态的功能，它是作为国家管理社会的一个重要渠道，[1] 随着我国从计划经济体制向市场经济体制的转变，大众媒体为了适应社会发展的需要，新闻事业单位形成"事业化性质，企业化管理"的双重属性，媒介生态结构由以往的一元体制转变为二元运作。[2] 当媒介成为市场中的组成部分，传播者的生存与市场的消费紧密联系时，"市场化"就成为传媒体制改革的重要议题。传媒机构需要依靠自己的力量去追逐利润谋求发展、自负盈亏，奉行的是市场逻辑（商业逻辑）。只有在市场经济逻辑的牵引下从市场中获利，占有市场资源，谋求生存之地，才

---

① 冉华：《中国传媒公共话语领域的建构》，《武汉大学学报》（人文科学版）2007 年第 9 期。
② 陈燕：《我国广播电视对农传播的媒介赋权与价值考量》，《编辑之友》2015 年第 11 期。

能维持自身内容的持续性产出。市场逻辑的导向促成了媒体对传播对象的重视，把媒体推向了在受众市场中处于强势的一方——城市居民，不自觉地边缘了贫困地区的农民群体。这种以城市为中心并受市场驱动的信息内容生产机制，使农村受众在信息资源上处于劣势地位。[①] 政治逻辑与市场逻辑的并存在我国的媒介生态系统中普遍存在，媒体既要承担喉舌功能，宣传党和国家的方针政策，又要遵循市场竞争机制，这两种逻辑的形影相随，在某种程度上直接导致了公共传播在整个传媒生态环境中的缺位。公共传播媒体的缺失，导致媒介资源在配给方面失衡，使城市和乡村在资源的占有、分配和信息消费层面出现了巨大的差额，是城乡二元结构差异的另一显著表征。[②] 回顾我国传媒产业的整体发展历程可知，公共媒体一直是新闻传播学科关注的重要议题，如果要把农业传播纳入公共传播体系框架之中予以考量，就必须从全球范围内的公共媒介体制入手来展开探讨。在世界范围内，欧洲公共广播电视体制的发展从无到有，分析其公共性理念对我国传媒产业的发展能够有所助益，将欧洲 20 世纪 80 年代的公共传播体制和美国高度商业化的传播体制展开对比，能够对本书的视角切入提供可行的分析路径和逻辑起点。

## 第一节　农业公共传播中世界媒介体制基础

媒体作为信息传播与共享的主要载体，不能将其从社会大系统中孤立审视，媒介组织作为社会系统的一个子系统，其产生、发展都受到了诸多因素的制约。把媒介制度置于宏观的叙事环境中考察，通过对不同政治秩序观的梳理，可以窥探媒介制度的演变过程。政治秩序观念对媒介的生存发展具有重要影响，西方现存的两种政治观念——自由主义与共和主

---

① 李良荣：《新传播形态下的中国受众》，复旦大学出版社 2013 年版。
② 陈燕：《我国广播电视对农传播的媒介赋权与价值考量》，《编辑之友》2015 年第 11 期。

义——对媒介制度的选择机制层面产生了重大差异。从世界范围来看，传媒产业的发展线索大致可以分为三类：第一类以美国为代表的商业化媒体，实行全部市场化运作，政府对媒介的控制力度薄弱；第二类则是以欧洲为典型代表的双轨制运作模式，公私并举；第三类则为中国传媒体制的特殊范例，实行"事业性质，企业化管理"的传媒体制。传媒虽然在市场经济中发展，但是必须在国家体制规范内展开。

无论哪个国家媒体的发展，始终都无法摆脱政治、经济因素的制约与影响，必须存在于社会宏观背景之中，受制于诸多因素，使它在多种利益相互博弈的场域中发展。其中政治秩序的影响效力不可小觑，每一套政治秩序观念的背后都有各自独立的政治观念，不同的政治观念和价值对媒介产生了不同的规制作用。回顾世界范围内广播体制的发展变迁历程可以发现，20世纪20年代至50年代，英、美通过确立截然不同的广播电视体制，媒体选择了不同的发展路径。但是，两种不同广播电视体制的路径选择在思想渊源上却是相似的，都是以资本主义上升时期的自由主义思想作为其理论基础。[1] 资本主义市场经济的发展口号是经济自由，而与经济自由相伴相生的就是出版自由、言论自由的要求，在这样的背景下，资本主义自由主义思想的基本要求已经提出。美国基于对经济自由的追逐，逐渐形成了商业体制，英国出于对言论自由的强调则建立起公营体制。在自由主义政治秩序观念下，美国的媒介制度表现出独立于国家的高度商业化的体制规范。而欧洲则继承了传统共和主义的秩序观念。

## 一、美国高度商业化的媒介制度

自由主义的秩序观念奠定了美国政治秩序的基本格局，其媒介在商业体制下形成了独立于政府的专业主义表达机制。[2] 美国宣扬的是个人自由

---

[1] 陆劲、周妍：《英美早期广播电视体制的思想源流》，《新闻爱好者》2009年第11期。

[2] 边巍：《欧美媒介公共性表达比较》，《中国出版》2014年第17期。

主义，强调每个个体的自由权利，美国的自由主义反对所有的绝对权力，他们认为自由是实现一切价值的基础。国家存在的全部要义就是要对私人利益进行保护。所以，在这种观念逻辑之下，公共领域是属于国家和社会的张力区间。公共领域与国家权力保持一种对立的矛盾关系，它是从社会中发展出来的，处于国家和社会的中间区域，主体是由市民私人聚集在一起共商利益问题。在自由主义观念的深刻影响之下，公共领域必须保障私人财产和利益不受国家权力的侵犯，对政府等公权力时刻保持警惕并且对权力的侵犯行为进行批判与监督。

自由主义秩序观念对美国国民的政治培养和其他社会形态的形成产生了深远的影响。由于国家历史发展的单一性，国民坚决反对政府干预市场自由，在《独立宣言》中，对个体自由的维护是其国家统一发展过程中至关重要的信念。因此，对于媒介的表达自由，将其纳入一种基于个人表达自由情境当中，使其隶属于社会，独立于国家，从权力的框架中剔除出去，是美国高度商业化媒介的公共性的重要表征。随着广播技术的出现，人们纷纷意识到这种新技术能够给自己带来高额的利润，逐步创办起属于自己的电台，但因为无线电波资源的限制，电台数量之间相互干扰，导致很多听众都无法正常收听到节目。而美国政府也认为这应该是由市场自由调剂的，应该由参与竞争的各家媒体自己解决，从而导致各个媒体之间竞争日益加剧。

他们认为，媒介首先要独立于政治，并且认为独立不但是作为区分于国家的姿态，更重要的是谋求经济上的自给自足。经济独立作为媒介表达的物质基础，商业性质的实践逻辑保证了其话语表述可以逃脱政党的控制。高度商业化的媒介运作体制，在新闻实践中，也是一把双刃剑。它使各大报纸或电视台为了争夺发行量和收视率纷纷以报道争夺研究的内容来抢占市场，把受众视为"消费者"而非公民，使媒介的整体品质下滑。美国媒体的这种恶性竞争一直持续到现在。

媒体商业化运作的弊端在美国学术界一直是被讨论的热点话题，一些学者认为，传媒在利润驱使下不断兼并其他媒体，通过扩大生态圈来提升自己在国家的影响力，以谋求更多的回报，而不再执着于为公民提供近用（access）信息的机会和渠道，这对民主公共领域的构建起到负面效应。[①] 对媒介商业化持有更激进观点的批判传播学者麦克切斯尼（Robert McChesney）认为，虽然媒体的种类越来越丰富多元，但这只是浮于表面的现象，这些商业媒体/公司媒体（Corporate Media）已经逐渐演变成反民主力量。[②] 美国商业化媒体倾向于向社会主流阶层提供服务，而忽视了处于阶层底端的人群，他们长期是商业媒体的边缘受众，如移民人群和有色人种等等（Engleman，1990；Fuller，1994）。由于主流阶层的人群往往更具购买力和消费能力，商业化媒体总是青睐于关注他们所关注的事务，倾向于从他们的立场来表达观点和表明态度及讨论问题。相反，底层人群的低购买力不能给商业媒体带来利润收益，那么他们的声音则很难在媒体中得以表述和呈现。而当商业媒体关照底层人群时，出于媒体自身的商业定位，底层人群的"形象"和态度经过媒体的再构往往会失真和走样。[③] 美国商业媒体的诉病还表现在另一个方面，即，它并未能构成言论自由的完全基础。[④] 从表面上看，媒体赋予了每一个个体言论表达的自由，但实际上却框限了观点及态度所能涉及的范畴，这也就未真正实现言论自由。商业广播电视虽然在频道层面带来了更丰富（proliferation）的资源，但却未实现多样性（diversity），这就体现在观点、价值和态度的多样性，因为

---

① Winter，J，*Democracy's Oxywen*：*How Corporations Control the News*，Montreal，Black Rose，1997.

② McChesney，R，*Corporate Media and the Threat to Democracy*，New York，Sevens，1997；McChesney，R，*Rich Media Poor Democracy*：*Communication Politics in Dubious Times*，Chicago，University of Illinois Press，1999.

③ Lyle，J，Ward Ritchie. *The Black American and the Press*，Los Angeles，1968.

④ 李艳红：《论商业化潮流中逆行的美国公用电视制度》，《国际新闻界》2011 年第 8 期。

商业机构的逐利性把多样性的范围圈定在可谋利的范畴之内了。①

但从另一个方面而言，高度商业化的体制使媒介本身脱离了政府的管控，其信息内容有一定的表达自由，面向大众的公开表达，再加之美国新闻报道的"专业主义"精神，能够保障报道的客观性，从而保证了公共性表达逻辑的基本要义。美国学者迈克尔·舒德森在《美国新闻社会史》中阐述过：如果新闻媒体按照专业的逻辑和集体共有的规范进行内容生产，那么其传播内容就可以被相信。在客观性的理念下，美国报业的"新闻专业主义"规则逐步形成，② 专业记者"承担一种政治上中立的对立角色，以批判性的眼光审视事件的参与各方，从而保证最大程度上的公正报道事件。"③ 但是，专业主义在美国也逐步走向一种极端——"沉默文化"，使人们对公共事务失去兴趣，不再关心政治事务或公共议题，甚至懒于发表观点看法，衍生的是一种消费主义的"去政治"文化。④

美国媒体运作模式高度商业化，带来的直接影响就是媒体的内容生产过分考虑商业利益，考虑节目播出后可能带来的广告收入。过分考虑经济利益至上的价值观和选题标准必然导致节目制作更加向那些经济较为发达的地区倾斜。当然内容的制作与生产也会产生偏向，自然地冷落经济欠发达地区，这样就造成了部分民众无法获得信息或缺少表达的平台。但在商业化浪潮的席卷中，美国的公用电视制度却在逆袭，这一制度下的公众近用媒体（public access media）不同于商业电视，它们的存在与发展是对美国传媒商业化的一种反思性制度建设。对公众近用电视的简单理解即公众可以使用的电视频道，让普通的民众有机会使用公用频道来播放自己制作的节目，并可以在该平台上表达自己的观点和态度，让民众有一个自我

---

① Baker, E. C, *Media, Markets and Democracy*, Cambridge, Cambridge University Press, 2002.

② 边巍：《欧美媒介公共性表达比较》，《中国出版》2014 年第 17 期。

③ Bennett, Lance W, *News, the Politics of Illusion*. New York：Longman, 1988.

④ McChesney, R, *Corporate Media and the Threat to Democracy*, New York, Sevens, 1997.

发声的途径和渠道，正因此，其名称才被称为公用，是公众近用（public access）的简称。公用电视的最终目的并非为了追逐市场利益，获取利润，而是要实现一种公共理想，扮演被商业媒体所边缘化、所忽略甚至抑制的公共角色，其首要任务就是"去商业化"（decommercialisation），是对美国商业广播电视体系（corporate media）的"去魅"和失望。① 对公用电视的分析与探讨，也有助于我国传媒体制未来发展的思考。

## 二、欧洲广播电视体制的骤变

欧洲历史上的社会思潮就非常复杂多样，比如英国的民主社会主义、法国激进的社会主义思想、马克思《资本论》所引发的马克思主义哲学思潮，这一系列的思想运动都对自由主义市场理论展开了批驳与质疑。为了应对第一次世界大战，英国对国家层面的很多资源进行统一调配、统一管理，并且产生了良好的社会效果。这一实践成果对欧洲其他国家产生了重要的影响，由此，人们逐渐摒弃了自由市场传统，逐步接受和认可国家采用公共管理的手段来干预市场的行为，而非让市场进行自由调控。在此基础上，英国经过多次努力和实践，在传媒领域也开始实行公共垄断的管理机制。

欧洲国家虽然有各自的历史，但他们非常接近的地域关系致使长期以来他们形成的价值观、道德观、人生观都非常接近。他们认为国家的位置应该在社会之上。这一观念认为，国家通过相关法律和政策可以对普遍性利益进行调和，能够解决社会内部的私人利益之间的斗争，形成某种普遍的政治共同体。过去的共和主义观念认为，社会的公平正义是国家来调配和整合的，公共性表达主要体现在对国家政治事务的参与上。基于共和主义传统观念的逻辑影响，欧洲的媒介表达在公共性实践的过程中并没有如

① 李艳红：《论商业化潮流中逆行的美国公用电视制度》，《国际新闻界》2011 年第 8 期。

美国那般高度商业化而独立于国家而存在。相反，欧洲的媒介制度在国家庇护下产生了公民表达的空间区域。以英国的 BBC 为例，时至今日，尽管英国在 20 世纪 90 年代末开始出现了越来越多地以商业利益为主的广播电视媒体，它们都以追求广告利润作为主要目的，但是这并不影响 BBC 在英国的影响力度，英国国民家庭仍然以 BBC 作为信息接收的主要来源。

公共广播的英文原文是 Public Service Broadcasting，如果将其直译成中文应该是公共服务广播。伴随着技术的发展，电视这一传播媒介出现在人们的视野之中，公共服务广播电视的概念也应运而生，就是指提供公共服务为主的非营利性的广播电视媒介。而这一概念在引入中国的时候直接将其译成公共广播电视，这就意味着"服务"理念应该已经被纳入公共性的内涵之中了。所以当我们在探讨媒介公共性的同时绝不能忽视其理应具备的"服务"的公共属性。公共广播电视制度在欧洲是以提供公共服务为主的。当然公共电视台或公共电台的存在与发展仍然需要资金链的维持，其生存资本的来源是通过向国民征收收视费用或收听费用，这些费用用以维持媒介组织的正常运转。

对于欧洲公共媒介制度的探讨，在此需要厘清一个事实，BBC 虽然在英国广播电视体制中占重要地位，起到垂范的作用，但它并不能构成这一体制的全部。在 1951 年，尽管英国工党政府强烈支持 BBC 独占经营的模式，但由于其在大选中被一个向来以自由主义为核心价值理念的政党——保守党击败之后，保守党开始为商业团体提供保护伞，在这样的背景下，商业利益的压力迫使英国建立了私营的独立电视网（ITV）。20 世纪 70 年代末，英国官方政府对公共广播电视的态度也发生了重大改变。1977 年的"安南报告"中，把公共服务作为媒体的主要任务的观点被"多元视角"所取代。这个观点认为，广播应该满足社会各种群体的利益需要，而不是成为道德领袖。而且 BBC 和 ITV 的节目内容极其相似，这就使得它们无法提供多样性的节目资源，委员会认为这是广播体制中的缺陷所在。作为解决这一问题的策略，"安南报告"希望鼓励生产出目前双轨体制所不能满足的人群需求的节目。然而，这一做法打破了双轨体制运作的模式，使英国广播逐步脱离了自20世纪20年代以来形成的公共广播电视的理念，向市场化的广播电视体制靠拢。在1982年之后又建立了专门面向少数大众群体的第四频道，这一频道是实行商业化运营模式的公共服务电视频道，允许出售节目资源来接收广告。所以，在20世纪80年代之后，英国的广播电视制度或者说欧洲的公共传播体制都受到了商业化和市场化的威胁。自此，BBC也开始了商业化的探索之路，它"利用自身多年来的品牌效应，通过商业性的国际化服务来弥补国内广播电视的服务缺口，以保持非商业化的特色。"① 这样一来，整个欧洲的公共传播体制都在某种程度上来看出现了向商业化的相对回归。

不仅如此，德国也从20世纪80年代单一的公共电视体制发展成为公共与商业并举的双轨制模式。在这之前，德国只有德国电视一台和德国电视二台，这种垄断也带来了很多批评，很多人都在呼吁德国应该适当引入美国商业电视模式。新技术的发展逐步解决了电视频率资源短缺的问题，因此后来德国也作出了支持建立商业电视台的重要决定。因此在德国也出现了公私并存的双轨制运作模式。英、德的传媒体制改革也对欧洲其他国家产生了巨大的影响，从此欧洲媒体的运作体制不再是单一的公法性媒体，而是公营媒体与商业性媒体共同存在于传媒生态环境之中。商业媒体的引入和发展，挤压了公共媒体的生存空间及受众环境，尽管少数国家仍然保留了公共媒介，但整个世界范围内公共媒介的生存呈现出普遍式微的境况。

其实，欧洲公共传播的核心理念是：作为公共物品而非私人物品的传播及提供的节目。② 然而，由于传播技术的革命性变化和商业电视竞争带来的影响，这两个因素相互作用于欧洲公共传播的媒介体制，使它发生了

---

① 赵月枝：《公众利益、民主与欧美广播电视的市场化》，《新闻与传播研究》1998年第2期。

② 刘晓鹏：《欧洲公共广播电视的困局与出路》，《新闻大学》2005年第2期。

转向。当商业逻辑跨过市场区域向公共领域侵袭时，公共传播与商业化运作之间的界限变得日益模糊，也打破了公共传播体制的应然要义：作为一项公共事业服务于所有公民；这项公共事业应该同政府、政党或公司企业等权势集团相隔绝；公共事业所提供的服务应该不受权力、地位和经济因素的影响。与此同时，公共传播体制的主要原则是独立，这一原则肇始于"民主政治中对媒体独立于政府的要求"。① 就目前的形势而言，没有哪个欧洲国家的公共传播体制曾提出过要做国家政府传声筒的理念；相反，也没有哪一个国家的公共传播体制可以完全独立于科层管理的行政架构体系，总是从某种程度上或多或少地受到牵制。

20世纪80年代以来，世界范围内的传媒制度变迁的总体趋势都是市场化的，各个国家的媒体都纷纷进入市场经济的场域中生存和竞争，传媒体制也都基本采用了公私并举的双轨制运作模式，商业媒体挤压了公共媒体的生存环境，造成了公共媒体在世界范围内的缺失。欧洲的公共传播体制呈现出弱化趋势的原因在于，新自由主义经济思潮的涌入，重新激活了自由主义的思想，这对广电体制的改变产生了不可避免的影响。在这种思潮的影响之下，国家与社会对公营媒体的支持力度呈下滑趋势，而以市场为导向的商业性媒体突飞猛进，造成了世界范围内商业性媒体快速发展的现象及趋势。

## 第二节　公共传播的普遍缺位

美国学者麦克切斯尼（Robert McChesney）认为，当今广播电视发展最突出的特点之一就是公共服务体系在全球范围内的衰落。② 纵观整个欧洲公共广播电视服务体制的起伏与衰落、困顿与萎靡，不难发现公共传播体制在全球范围内的媒介系统发展过程中遇到了合法性危机。但应该庆幸

---

① 刘晓鹏：《欧洲公共广播电视的困局与出路》，《新闻大学》2005年第2期。
② ［美］麦克切斯尼：《富媒体　穷民主——不确定时代的传播政治》，谢岳译，新华出版社2004年版，第321页。

的是，欧洲至今仍然还存在少数公共广播电视机构，在弥合社会群体之间的裂痕与分隔。商业化运作的媒介系统在满足经济效益的同时，也带来了许多不能忽视的问题及矛盾：广告商的眼球始终盯着有消费潜力的那部分受众，忽视了对弱势群体的关怀，消解了他们的社会归属感和文化归属感，削弱了传媒的公共性属性。欧洲与我国的具体国情差别很大，经济发展水平、文化传统及意识形态上的差异都提醒我们不能直接照搬他国的传媒理念。然而，欧洲在长时间的试错与实践过程中所总结出的经验和制度悖论，对我国传媒体制的发展和改革能够提供参照性经验。20 世纪 50 年代私营的独立电视网在英国出现，英国政府对它实行了一种特殊的产权管理结构，并单独设置制度对其节目进行管制，如在黄金时间段必须有播放新闻时事类节目，广告不能与节目内容相互挂钩等。在这种严格的规训管理制度下，独立电视网并没有挤压 BBC 的生存空间，二者之间的竞争反而提高了各自节目的内容质量和服务水平，从而更好地服务于公众。从这一例证当中可以看出，如何找寻一个平衡点是至关重要的，这对我国传媒体制改革可以做参考。

德国学者尤尔根·哈贝马斯（Jurgen Habermas）对公共领域的研究受到了汉娜·阿伦特的启发。哈贝马斯在其 1962 年出版的《公共领域的结构转型》中对"公共领域"（public sphere）进行概念化处理，但是并未作出明确的界定："公共领域是一个处于国家和社会张力之间的空间，国家与社会的分离是其存在的基础，市民可以在不受国家干涉的前提下在其中自由言论。"[①] 哈贝马斯在后期的研究中进一步细化了"公共领域"的形成机制："公共领域是社会生活中的某一个领域，是一种介于私人领域与国家权力之间的'中间地带'，在这个领域之中能够形成像公众意见这样的事物。"[②] 哈氏的公共领域因生活中的私人相聚集而存在，在公众之

---

① ［德］哈贝马斯：《公共领域的结构转型》，曹卫东等译，学林出版社 1999 年版，第 101 页。

② 汪晖、陈燕谷：《文化与公共性》，生活·读书·新知三联书店 1998 年版，第 125 页。

间可以表达"普遍利益"的观点。在《公共领域的结构转型》一书中，哈贝马斯从历史学、社会学和政治学的角度分析了资产阶级公共领域的构建、发展和瓦解衰落的原因。① 他甚至还认为所有公共领域也可以说就是公共舆论领域。但是有一点必须明确，那就是"公共性"、"公众"、"公共舆论"等在不同历史时期内涵会有所不同，不是一成不变的。

在传媒研究中，对公共性的探讨一直是学术界的热点议题之一。传媒学者往往对哈贝马斯的《公共领域的结构转型》一书中与大众传媒的部分进行片段化处理并加以放大，将大众传播媒介视为"公共领域"的中心，甚至把两者完全等同，学者把二者的概念相混淆，没有从本质上辨明公共领域的概念范畴，削弱了理论本身的解释张力。事实上，哈贝马斯本人并没有特别研究大众传媒，他对大众传播媒介与公共领域之间的关系沿袭了法兰克福学派的阿多诺和霍克海默对大众传播形式复杂性的批判，对于大众文化给受众所带来的文化"洗脑"和消费主义持批判角度的他，难以接受大众传媒对公共领域的重新建构。因此，哈贝马斯对大众传播媒介的看法受制于商品化而不能公正对待它与公共领域之间的关系。② 所以中国学者如果单从公共领域理论来认识和研究传媒公共性问题，难免会陷入以偏概全的错误。更何况哈氏提出的公共领域是一种非常理想化的理论范式，在当今社会都难以找到一个能够契合的建制化空间。所以，公共领域作为一种理想类型，可以作为一种应然状态的描摹对象，视为传媒公共性角色构建的某种参照系。公共领域与大众传媒在公共性问题的探讨上具有内在同一性，因为公众舆论是在国家—社会关系的框架中展开的社会沟通互动行为，而传媒是生成公众舆论的渠道与途径，也是公共领域的重要建制。③ 因此，公众舆论需要在国家—社会关系框架中实现，公众舆论的

① 参见殷俊：《自媒介与公共空间的再转型》，《国际新闻界》2008 年第 9 期。
② ［英］汤普森：《意识形态与现代文化》，高铦译，译林出版社 2005 年版，第 114 页。
③ 夏倩芳、黄月琴：《"公共领域"理论与中国传媒研究的检讨：探寻一种国家—社会关系视角下的传媒研究路径》，《新闻与传播研究》2008 年第 5 期。

形成需要以传媒为渠道，而大众传媒又是公共领域形成的重要建制，就要求对大众传媒的公共性探讨必须置于"国家—社会"的框架之中。故而，对于传媒公共性的探讨也应该将其置于更广泛的社会关系之中来审视，为了保障最大程度上的话语民主就必须将公共传播纳入中国传媒业发展的体系之中，切实服务于社会公众，而不是将弱势群体边缘化，逐出媒体报道的视野之外。

在讨论传媒公共性的问题时，必须意识到公共领域理论资源的贡献，潘忠党对传媒公共性的界定是："传媒作为社会公器服务于公共利益的形成与表达的实践逻辑"，① 就把媒体的社会责任意识上升到了更高的层面，必须意识到自身的服务对象是公众，而不是为了追逐利益最大化将广告商视为"金主"。在我国现行的传媒体系中必须搭建一个可行的公共传播空间，这样才能实现对公众利益的保护。

目前我国并没有真正意义上的公共频道，虽然存在少数教育类公共频道或农业传播频道，但它们的生存和运作仍然难以摆脱市场经济控制的窠臼。媒介承担着信息传播的社会角色，它作为独立的社会组织，与国家、政府和公众共同存在于社会大系统之中。社会大系统从宏观层面制约和影响传媒的发展与进步，同时传媒作为社会系统中的子系统之一，对社会的稳定和发展也具有不可忽视的作用。传媒与社会始终是处于一种持续变动的相互影响的动态关系结构之中。传媒作为独立的子系统，对社会的影响需要通过政府和公众的双重互动而产生。政府与公众之间的信息传递始终需要媒介来完成，传媒在此时所表现的是一个具有独立性的社会组织，同时它又必须面向公众公开传播，这就把传媒的公共性立场提上议程，公共责任成为传媒必须承担的一种功能。

1978 年改革开放以来，我们国家对媒体的管理模式开始调整，实行

---

① 潘忠党：《传媒的公共性与中国传媒改革的再起步》，《传播与社会学刊》2008 年第 6 期。

"事业单位，企业化管理"的原则，赋予大众传媒一定的经营自主权。现在传媒业已经成为国民经济的重要产业之一。我国传媒产业的发展，自20世纪90年代中期以来，可说是日新月异，以至于搜集、描述、分析这类资料并以此实现传媒以及文化产业的发展，成为一个热门的"产业描述和对策分析"行业。[①] 其实，反观中国传媒业的发展历程，人均占有媒体资源情况、节目制作传播情况等诸多方面存在不少问题，通过这些，我们可以发现以经济指标为核心标杆的传媒业在发展过程中存在许多缺陷。我国传媒业"党管媒体"的原则不可触动，[②] 中国的传媒体制改革实际上是在国家意识形态的框架中实施的，[③] 所以我国的传媒改革不能摆脱高度政治化的路径依赖，必须充分发挥党对媒体的领导优势及媒介自身的社会责任意识来推动传媒业的前进。我国传媒业的发展必须在国家利益、市场利益与公众利益相互博弈的场域中进行，各利益集团相互"斗争"，达成相互依赖的局面。与这样的运作体制相对应的是传媒业的发展缺乏将公共福祉、公共利益和公共理念作为其发展的基本准则，公共性的缺失是政治和经济双重逻辑制约的结果（张金海，2007），一味地追逐和满足于市场经济带来的物质利益，传媒无法形成真正以公共利益为基础的运作模式（陆晔、潘忠党，2002），所以对于传媒公共性的讨论显得尤为必要（冉华，2010）。传媒业的发展是国家社会发展的表征之一，对公共利益的探讨与关注体现党和国家对人民切身利益的关心，故而传媒的公共性不仅体现在传媒的话语和话语实践，从更宏观的层面来看，它也反映出传媒业赖以生存及内含的社会和国家的关系。我们在探讨传媒公共性时，是在表述

---

① 潘忠党：《传媒的公共性与中国传媒改革的再起步》，《传播与社会学刊》2008年第6期。

② 潘忠党、吴飞：《反思与展望：中国传媒改革开放三十周年笔谈》，《传播与社会学刊》2008年第6期。

③ 潘忠党、吴飞：《反思与展望：中国传媒改革开放三十周年笔谈》，《传播与社会学刊》2008年第6期。

"传媒作为社会公器服务于公共利益的形成与表达的实践逻辑"。① 这一概念的界定主要包括了三个面向：第一，传媒业的服务对象必须是公众；第二，传媒业要成为公共利益的形成和表达平台，就必须做到开放的原则；第三，传媒业的运作必须保持公正原则。②

## 第三节　我国传媒的混合型体制与"两分开" 的体制改革设计

20 世纪 80 年代以来，世界范围内的传媒体制都发生了重大转变，基本上都从偏重政治取向逐步向市场化和商业化转型，过去那种与政治体制相关联的静态传媒结构已经不再保持稳定性，逐步与动态的市场经济相挂钩。在这样的时代大背景之下，中国的传媒体制改革也难逃市场化的"魔爪"，其传媒体制变迁的过程因为更复杂独特而备受学者的关注。中国传媒体制改革的逻辑脉络在改革过程中受到了很多其他因素影响，如市场或社会，这些因素共同架构了中国传媒改革与转型发展的宏观场景。从历史性的发展观念来看，在 1978 年改革开放之后，中国的经济发展、社会转型与政治环境发生了巨大变化，对传媒体制改革产生了不可小觑的影响，其风貌呈现出更鲜明的"中国特色"的改革脉络。传媒体制先经历了从党报（台）体制向"事业单位，企业化管理"的过渡，随后又借文化体制改革的春风进入"分类管理，转企改制"阶段。③ 在体制改革的过程中，"市场化"是描述改革最为关键且重要的表述。"市场化"通常所指涉的是"市场机制在资源配置中持续性发挥作用，竞技对市场机制的

---

① 潘忠党：《传媒的公共性与中国传媒改革的再起步》，《传播与社会学刊》2008 年第 6 期。

② 王利涛：《从政府主导到公共性重建——中国环境新闻发展的困境与前景》，《中国地质大学学报》（社会科学版）2011 年第 5 期。

③ 殷琦：《1978 年以来中国传媒体制改革观念演进的过程与机制——以"市场化"为中心的考察》，《新闻与传播研究》2017 年第 2 期。

依赖程度不断增强，市场机制从出现到发展再至成熟的演变过程"。①"市场化"在传媒体制改革实践中出现的原因大致包含两个层面：第一，中国社会从国家对资源和权力的绝对控制与垄断转至市场成为资源配置的主要手段，这对传媒实践产生了不可回避的影响；② 第二，市场机制引入传媒体制改革，逐渐成为传媒资源配置的重要手段，传媒机构的主体身份变为市场主体，进行市场化运作。所以传媒体制改革实践的背后，隐含的是市场化改革观念所带来的必然逻辑。

中国传媒的结构与具体国情和意识形态有显著相关的关系。在我国新闻体制改革以前，传媒作为意识形态的控制与宣传工具，一直扮演着"党和人民的耳目喉舌"的角色，它最主要的目的与功能是宣传党的路线、方针、政策和传达国家的意志。媒介归国家所有，政府享有对媒介的领导权，在这个时期，媒介并没有形成自身的社会独立性，只是政府科层机构的一种延伸而已。③ 自 1978 年以来，我国传媒体制发生了重大变革，以往单一的事业单位性质演变成"事业单位，企业化管理"的二元运作模式（混合体制）。1978 年改革开放之后，随着计划经济向商品经济转变以及国家所开展的对党政权力过分集中的探讨，动摇了此前党和国家对社会各个领域全盘控制的社会结构，这一变化对传媒领域也产生了影响，传媒体制改革与实践也由此展开。媒体仍然归国家所有，坚持事业化性质，但是其运营理念和方式发生了深刻转变。传媒的生存与发展需要自负盈亏，被投放到市场经济当中去赚取利润，市场之门的打开，让传媒看到了潜在的获利机会，市场经济的利益原则对传媒产业产生了重要影响，传媒业也越来越表现出对利润的追逐，而逐渐忽视本应承担的公共责任。可以

---

① 陈宗胜等：《中国经济体制市场化进程研究》，上海人民出版社 1999 年版，第 6 页。

② 孙立平等：《改革以来中国社会结构的变迁》，《中国社会科学》1994 年第 2 期。

③ 张金海、李小曼：《传媒公共性与公共性传媒——兼论传媒结构的合理建构》，《武汉大学学报》（人文科学版）2007 年第 6 期。

说，"企业化管理"的提出是传媒机构经济自主意识的最初反映,[①] 但由于当时"企业化管理"的提出是为了缓解传媒单位的经济压力和财务困境，即在确保意识形态领域不出现问题的前提下，减少财政支出。改制初期，媒体界的改革实践仍然受到长久以来被视为意识形态宣传的"工具"属性的制约与影响，所以这一时期的体制改革并不明晰。直至 20 世纪 80 年代中后期，党的十三大明确提出社会主义商品经济发展的过程也是建设社会主义民主政治的过程之后，以往高度整合集中的政治体制得以调整，为传媒体制改革带来了相对宽松的政治环境，这一时期的体制改革则更为具体和有针对性，体现为传媒单位对自主权的呼吁及依靠市场机制来突破行政垄断的观念。20 世纪 90 年代，随着市场经济在国家宏观政策中被予以证明以及逐步确立市场化改革的正当取向之后，传媒机构的经济意识被唤起，自身的经济属性得到彰显，对价值利润的追求得到进一步凸显。随着社会经济的发展，市场化改革在传媒实践领域不断深化，人们逐步意识到"事业单位"体制性桎梏成为传媒市场化改革的主要障碍。[②] 加之全球传媒商业化浪潮的影响，国内传媒体制困境日益突出，破除体制障碍与充分发挥市场机制的效能成为传媒体制改革的核心命题，最终借助文化体制改革取得突破。2003 年国家启动的文化体制改革，把重心置于分类公益性文化事业和经营性文化产业，必须充分发挥市场机制对文化产业发展的重要作用。文化体制改革中的公益性文化事业则主要以新闻宣传为主，由政府主导，属于意识形态领域的改革。政府可以逐步放松经营性文化产业的改制，这部分更多交给市场来调节。

随着混合体制在传媒产业的起步与发展，我国的传媒机构走出了以往高度意识形态的单一体制（事业性质）。在意识形态和市场逻辑的双重规

---

① 殷琦：《1978 年以来中国传媒体制改革观念演进的过程与机制——以"市场化"为中心的考察》，《新闻与传播研究》2017 年第 2 期。

② 殷琦：《1978 年以来中国传媒体制改革观念演进的过程与机制——以"市场化"为中心的考察》，《新闻与传播研究》2017 年第 2 期。

约下，传媒机构并未把公共传播作为自身结构化发展的主要方向，一方面，传媒受到政治集团的控制，常常对国家与政府相妥协；另一方面，传媒又受到市场经济商业因素的影响，在资本利益的驱使下，传媒往往忽视了自身的社会责任和公共利益，忽视了公众在社会稳定发展过程中的作用。自 20 世纪 90 年代中后期开始，随着市场化改革在传媒体制中的不断深入，学界对传媒体制的反思逐步发展成对市场化新闻媒体的社会责任的缺失及公共利益被边缘化甚至冷漠化的层面。与此相伴而生的是我国传媒体制实行的"采编与经营的剥离"，这是市场化对新闻生产造成不利影响的有效规避手段。在我国的媒体组织结构中，采访、编辑和评论部门作为信息内容的生产部门属于上游部门，而广告经营及销售等部门作为机构生存的资金链条属于下游部门。采编经营相剥离的管理模式，可以有效防范商业因素对采编机制的侵蚀，保持正确的舆论导向和独立公证的新闻采编原则，这也可以视为传媒机构对市场化侵袭的防范手段。

我国的现实国情决定了政府利益与公众利益是相一致的。[1] 因此，运用到传媒结构中，就表现为公众利益由政府直接代表，所以我国的传媒类型并没有独立的公共性传媒。然而，政府在特殊发展时期表现出某种独立的人格特征，是一种具备经济特色的利益主体，与公众并不能直接画等号，换句话说，政府并不能总是代表公众利益。政府与公众之间也存在某种利益竞争或矛盾的关系，所以当媒体总是承担国家意志或代表政府的时候，就造成了公众的事实性缺位，即公共性媒体的实际缺口。虽然有学者认为我国在某些省市创办了公共教育频道，这些公共资源的使用在某种程度上解决了公共性媒体缺位的问题。不能忽视的重要一点是，虽然公共频道的确存在于我国的传媒产业结构之中，但它们的资源补给机制仍然是依托于市场的，奉行的仍然是商业逻辑，本质上并没有脱离市场经济对媒体

---

① 张金海、李小曼：《传媒公共性与公共性传媒——兼论传媒结构的合理建构》，《武汉大学学报》（人文科学版）2007 年第 6 期。

的控制，媒体通过广告谋取收入的商业运作模式，在很大程度上影响了媒体新闻采访的自由权，甚至把媒体的受众慢慢变成了自己的消费者。媒体也不再是话语表达的平台和渠道，代之成为利益角逐的竞技场。两分开的传媒体制，在过去的历史情境中确有其意义，但在未来的传媒体制改革中不能再忽视公共媒体应该存在的必然性。在农业传播的实际问题中，混合型体制对媒介的内容生产层面产生重要的影响，农民作为低消费水平的受众群体，他们的利益常常被忽视。

## 第四节　农业传播的公共传播定位

把农业传播置于公共传播理论视域下进行研究，为农业传播的定位奠定了基础。我国传媒体制改革的稳步推进为人民生活的改善带来福音，但在意识到市场化改革对传媒领域所产生的积极效果的同时，不能忽视利益逻辑对传媒的制约。在部分学者看来，我国传媒体制改革经历如此漫长的一段时间，未来仍然还需要继续深化改革，在体制改革的初期虽然解决了权力下放和传媒本身的自主性问题，但"从 20 年前的泛政治化全今日的政治化与商业化并行，恰恰淡化了公共利益的目标"。[1] 传媒体制改革实践的步伐在未来势必要落到公共利益的价值维度之上，[2] 因为"新闻体制改革，最终是政治利益、媒体产业利益和公众利益的相互博弈"[3]，而"在这三者之间如何找到一个平衡点，是传媒改革实践的重要议题"[4]。在体制改革过程中，不是简单地把媒体变为市场盈利的工具，而是必须确保

---

[1] 夏倩芳：《公共利益界定与广播电视规制——以美国为例》，《新闻与传播研究》2005 年第 1 期。

[2] 冉华、李明：《文化体制改革背景下报业的改革发展与未来取向》，《武汉大学学报》（人文科学版）2010 年第 6 期。

[3] 夏倩芳：《公共利益界定与广播电视规制——以美国为例》，《新闻与传播研究》2005 年第 1 期。

[4] 胡正荣、李继东：《我国媒介规制变迁的制度困境及其意识形态根源》，《新闻大学》2005 年第 1 期。

国家媒体的正确导向，坚持生产优质内容，坚持承担传递社会正能量，承担社会责任的职责。传媒体制改革的市场化路径虽然推动了政治与经济利益间的合作与结盟，却并没有真正为公共利益提供制度性的保障，导致公共利益长期处于边缘地带，因此，未来的传媒体制改革必须把公众、公共性及公共利益视为重中之重，这也契合了我国农业传播长期缺失的现实情况。

## 一、农业传播的持续性缺位

改革开放以来，随着传媒体制革新的深入与发展，我国的大众传播媒介在满足受众多元化的信息需求方面发挥了积极的作用。但是我们也应当清醒地认识到，在传媒经营引入市场机制后，国内大多数媒体机构都摆脱不了市场逻辑，纷纷走向了市场化的道路。随着市场经济的发展，一部分媒体的趋利本性暴露无遗，一味迎合受众的需求导致媒体的选题生产传播只考虑受众的利益，原本是大众传播的机构把注意力完全转向能够给他们带来广告收入的受众群体，因为这一类群体具备高消费能力，如白领阶层、精英阶层等等。随着城市化进程的加快推进，人民生活水平的不断提高，城市受众因其优越的经济和文化因素成为媒体机构眼中的理想受众，农村受众被搁置在"遗忘的角落"①，对相对弱势的受众人群越来越缺乏热情和关照。在中国社会人口的基本结构中，人数占比最大且处于结构底层的就是农村人口。现有的媒介政策环境之下，传媒业的高度国有化和经营管理的市场化之间存在对立统一的矛盾。② 一方面，媒体的国有性质决定了传媒内容的生产必须遵循国家意识形态，承担"喉舌"的功能；另一方面，企业化管理的方式把媒体推向了市场，让它们自负盈亏，面向市场赢得资本，维持自身的运转。然而，一旦将传媒推进市场经济的竞争体

---

① 刘若辰：《大众传播媒介对农传播的效果和影响》，吉林大学 2007 年。
② 陈燕：《我国广播电视对农传播的媒介赋权与价值考量》，《编辑之友》2015 年第 11 期。

系中，它们对资本的逐利性便会暴露，原本只在市场中发挥调节作用的经济结构将同样作用于传媒产业，这就使利益最大化成为许多媒体经营管理的核心法则。这也就不难理解大众传播媒体在进行信息传播活动时夹带的"城市中心主义"特征，从而导致本应在传播资源配给中占比较多的农村受众处于弱势地位。广大农村人口不仅仅是经济资源、组织资源、文化资源的稀缺者，也是信息资源的稀缺者。① 大众传播活动中农业传播的缺失是从根本上排斥掉了最具信息需求的人群，造成了信息流动的严重失衡。

近几年，面对商业化浪潮的推波助澜，我国传媒产业对资本的追逐日益凸显。在媒体的市场化运作过程中，传媒的产业功能被有意放大，其应该承担的社会责任和公共传播意识被忽视，农业传播节目从某种程度上而言也难以摆脱市场逻辑的控制。农业宣传节目原本是公益性宣传，但现在商业化色彩过于浓厚，对某个地方、某个企业或某种产品的宣传过于突出和频繁。或是介绍某地的旅游风光，忽视了农村本土文化的传播，漠视了农村城镇化农民生活改变的现状，并没有解决农民关心的急切问题。现有的农业传播频道和资源并没有遵循应有的公共理念去从事信息传播活动，而是盲目地追逐资本利益最大化，忽视了广大农民受众的信息需求。我国现行的传媒产业，力图追求差异、错位化发展，奉行分层定位的传播策略，其目的是为了使不同阶层受众的信息需求都能得到满足。但由于传媒也难以摆脱经济利益的窠臼，他们最终将自身的传播对象定位在相似的受众群，即所谓的"主流人群"或"精英群体"，而基本丧失了为公众服务的理念。这样一来，本应是差异化、错位化发展的媒介市场，最终却成为同质化的发展道路，都把城市作为自己的主要传播阵地，导致相似雷同的信息充斥着整个媒介市场。从严格意义上来说，市场经济就是消费经济，受众的消费行为和产品生产商（广告主）之间的关系，决定了大众传播媒介在进行内容生产时要把受众视为关键性因素。传媒维持自身生存与发

---

① 刘建新：《大众传媒对农传播的缺失》，《新闻前哨》2006 年第 5 期。

展的主要经济来源便是广告收入，所生产的信息内容就必须面向那些具备高消费能力的受众，唯有此才能吸引更多的广告投资，获得利润。受众的消费能力高低主宰了媒介内容的生产和流通，很多媒体出于经济原因考虑不约而同地避开了消费水平较低的农村地区，为了迎合媒体眼中大部分受众的口味，内容大都偏向时尚流行、娱乐类信息等，唯有此才能获得可观的经济收入和高收视率。农村地区的低消费能力使广告商不愿意把大量资金投放到农业传播的频道中去，尽管我国传统农业正在向现代农业转型，农民的主体身份也日益多元化，但仍然缺少对广告商的吸引力，从而进一步导致农业传播陷入困境。

在当代信息传播过程中，在市场经济利益的导向之下，大众传播媒介更倾向于对处于社会强势地位的受众提供信息，往往会忽略弱势群体的信息需求，从而造成了媒体在公共传播体系中的失衡。[①] 社会上的权力精英、文化精英和经济精英等群体成为大众传播媒体追逐的受众，同时，学历在高中或大专以上的具备一定购买力的城市居民也成为传媒的目标受众，因为他们能够给传媒带来不可小觑的经济利益。一些媒体有意无意地忽视了经济地位低下的受众群体，这其中就包括农村人口。农业传播的边缘化，一度成为国内学术界和业界探讨的热点问题，其实质仍然摆脱不了"农业节目性质"的思考，针对这一问题所做的反思仍然是对我国传媒业公共传播理念缺位的问题，应该如何把农业传播纳入公共服务或公共传播的体系中去，怎样把与农相关的选题报道视为媒体应该承担起的社会责任，而非对经济利益的追逐，摆脱市场导向对构建公共传播体系的制约。

## 二、农业传播纳入公共传播框架

我国媒体从性质层面来看并非完全商业化，在所有制上仍然是国家所有而非私人所有。但我国传媒体制改革的市场化道路已经走过近四十年，

---

① 刘建新：《大众传媒对农传播的缺失》，《新闻前哨》2006 年第 5 期。

这一改革路径使传媒机构的商业属性得到了相当程度的发展。市场化在带来进步的同时，也带来了一系列的发展偏向和危机，公共性的缺失就是其重要表征之一。传媒市场化改革的漫长过程中，并未给处于社会底层的农民群体带来福利，反而导致了忽略和边缘化弱势群体的系统性后果①。以市场为导向的传媒改革具有明显的城市"偏向"，媒体技术的更新与发展大都集中在大中城市，相比较而言，中小城市、边远山区和农村的确并未充分享受到传媒市场化带来的利处。② 尽管在社会上也存在少量报纸或媒体农民工权利的疾呼呐喊，也曾通过监督机制来保护弱势群体的公众利益，但这些报道的数量少之又少，力度非常薄弱，而且报道的信息来源多依赖于冲突性事件和国家议程，并未形成长期可行的系统性关注。③ 农民群体的长期失语势必会导致社会结构上的断裂现象，这种传播空间与社会结构的双重边缘化现象会产生严重的社会后果，因此，我们必须也应该把农业传播逐步纳入公共传播体系之中。

"在构建公共文化服务体系的进程中，广播电视处于先导性和基础性地位。"④ 经济发展不断增速，人民生活水平得到有效改善，电视机由于其覆盖范围广及公共服务的免费性成为老百姓最易接触的信息平台⑤。农业传播的式微暴露出媒体农业村地区缺乏观照，这是一种典型的市场失灵现象。⑥ 为了弥补这种现象带来的不利影响，就需要政府干预。我国政府作为大众传媒的主管部门，在媒体有关农业传播方面的内容，可以指定一

---

① 李艳红：《论商业化潮流中逆行的美国公用电视制度》，《国际新闻界》2011 年第 8 期。

② Zhao, Y, Communication in China：political Economy, Power, and Conflict, Lanham, *Rowman & Littlefield*, 2008.

③ 李艳红：《弱势社群的公共表达——当代中国大陆城市报纸与农民工》，香港中文大学博士学位论文，2004 年。

④ 胡正荣：《媒介公共服务理论与实践》，中国传媒大学出版社 2009 年版，第 1 页。

⑤ 王为维：《论地方电视台节目对农传播中的问题及对策——基于公共文化服务的视角》，《新闻研究导刊》2015 年第 7 期。

⑥ 陈燕：《我国广播电视对农传播的媒介赋权与价值考量》，《编辑之友》2015 年第 11 期。

些标准和要求来保障公共传播的实现。在这方面，西方国家和英国能够给我们提供很好的范例。西方国家的传媒体系中有一套公共传播系统，公共电视隶属于这一系统之中，通常以议会通过的《公共电视法》为法律依据成立，这一类型的公共电视台作为社会的公共财产而存在，不以营利为目的，秉持为公众服务的理念。公共电台的行为受到宪章约束和规范，编辑部门保持完全独立，不代表任何阶级、党派和政治利益，它们的经费主要来自于政府拨款或视听费，这就逃脱了市场竞争带来的经济诱惑。英国的公共广播体制坚持节目多样化、服务普遍化的原则，为公众提供有文化、有思想、有情感、有意义的节目，提高公众的修养，保障公民及时获得信息的权利，并在媒介伦理上特别强调维护少数群体的利益，这就没有把城市与农村区隔开来，将他们视为同一群体。① 这些范例于我国传媒业的发展是非常有益的，既然大众传播媒介需要依靠高收视率和广告来维护自身的生存，那是否可以从管理层面入手来设立公共电视台，通过国家拨款、税收或收视费用来维持公共资源的长期运转。正如麦奎尔所说："传播行为作为人们基本的权利，那么权利的拥有与实践必须建立在多元与平等的基础上，特别是对在现存结构中处于弱势的群体，他们的权利更应该得到尊重和保护，让人们得以参与媒体的运作。"② 因此，传播资源和传播权利为社会的公共资产，理应是全体社会成员共享的财富。我国传媒业虽然具有事业性质和企业管理的双重属性，但它们并未完全市场化，媒体的发展就必须兼顾到社会责任和为公众服务的理念，而以信息传播活动推动农村经济的发展也正是媒体社会责任的体现。

在现有的农业传播节目中，真正与"农"相关的信息持续性缺位，有关"三农"的报道并未构成农业传播的全部内容，相反只是很小的一

---

① 刘国强、陈姝彤：《对农传播歧视现象的解析与对策》，《当代传播》2010 年第 5 期。

② 管中祥：《传播权力、弱势发声与市民社会之形成》，中国新闻研究中心网站，2002 年 8 月 21 日。

部分。大多数农业传播的节目仍然与"农"背离，大都是与农民生活无关或超于他们现实生活境况的内容。在有限的"三农"报道中，农民并未拥有真正的主体身份，而仍然在扮演某种"客体"的身份，成为传统意义上的"失语者"。一方面，农业传播的节目报道中多数为歌功颂德的信息，农民生活的真实情况尚未得到反映，更不要说要去实现和提高农民自身的话语权。另一方面，与农相关的新闻报道，媒介往往将其作为"卖点"进行传播，而非真正关心他们在城市或农村的生存状况，进一步造成了农民的失语现象。这里需要注意的是，当我们把农业传播作为一个整体概念提出的时候，不能把"农"与传统意义上的"农"相对等，必须结合现代语境来重构农业传播的"农"的概念含义，否则便忽视了他们的需求。公共传播理念的缺位直接导致了媒体对市场利益的过分追逐，忽视了应该承担的社会责任，把农业传播置于商业逻辑的框架下进行运作，这与其初衷相背离。农业传播不能再仅仅局限于农业村传播，更不能将其简单窄化为农业传播。

但由于国情、历史等原因，我国的公共性传媒机构持续缺位，即使许多省市地方电视台设立了公共电视频道，但并没有独立的资金来源，频道的生存发展仍然依靠在市场经济的竞争，农业传播频道亦是如此。农村地区的发展水平落后于城市地区，农村受众的购买消费能力远不及城市居民，广告商将受众购买力视为广告投放的重要因素之一，媒体要依靠农业传播来盈利是不现实的。农业传播媒体倘若没有得到国家或政府的大力支持，将难以维系自身在传媒业的生存，遑论为农民服务，实现其社会价值。因此，在国家把"三农"问题作为当前工作的重中之重的背景下，农业传播应该且必须得到政府的支持。农业节目应属于公益性事业，宜由国家主导并扶持，需要政府"养起来"，应该提高其服务性和贴近性以实现更大受众市场的占有。将农业传播纳入公共传播体系中去，就必须以政府为主导，以改善服务为重点，优化传媒资源的配给情况，逐步建立起行之有效的农业传媒服务体系，强化媒体的服务功能，贴近农民生活。针对其他非公共服务类的媒体机构，可以适当放松资本准入管制，让市场竞争机制成为资源配置的基础。① 市场经济进入门槛的降低，能够改变我国传媒业过分依赖政府扶持的现状，充分激发资本市场应有的活力，推动传媒产业结构的多元转变。其实，政府也未必需要直接投资或介入来改善这一状况，只要合理引导媒体在非营利传播空间中承担应尽的责任和义务，扮演正确的角色，也能让农业传播实现其意义。政府的角色可以回归到政策性角色层面上来，通过制定切实可行的政策，来约束和促进市场化媒体在传媒体制改革过程中对公共利益的重视，吸纳非营利性机构参与到农业传播的公益性事业中来，以平衡公众利益诉求和商业利益之间的关系，这样也能实现对公共传播的重视。因此，国家需要并且可以通过制定特殊的政策和法规，来限制和引导"市场化"媒体参与到那些利润回报率不高、属于公共服务的传播空间中来，鼓励社会其他非营利机构与媒体共同参与，构建和完善公共传播的体制改革，从而跳出单一的商业化框架，还原到"公共利益"的价值立场来思考中国传媒改革实践的问题。

以前的"农业传播"的概念也应该随时代发展而有所转变，"农业传播"从传播理念上来分析，是把农民作为传播的对象、客体来看待，依然难以摆脱自说自话、传而难通的怪圈，节目本身虽然关注农村与农业本身，但这样的内容和节目的安排设计在传播理念层面缺乏农业村受众现实情况的考察，导致媒体建构的图景和想象与"农"不吻合。② 现如今我们要把"农业传播"纳入公共传播的体系中去，所要阐释的是一种公共服务理念，要把农民放在主体地位来考量，反映出"农业传播"必须向

---

① 刘国强、陈姝彤：《对农传播歧视现象的解析与对策》，《当代传播》2010 年第 5 期。

② 陈燕：《我国广播电视对农传播的媒介赋权与价值考量》，《编辑之友》2015 年第 11 期。

"为农传播"的改变①，真正做到为农服务，提升电视台的农村意识。农村人口流动性加快，媒体必须清晰地认识到自身定位的转变，不能把农业传播窄化为"农业村传播"，更不能狭隘地理解为"农业事和农业传播"，而应从更宏观的视野入手，把农业传播置于更宽泛的城乡二元结构之中，将与"农"相关的信息视为一种持续变动的传播内容，满足农村城市化和农民市民化的信息需求，这也是我国现代化进程中不可回避的问题。

　　农村人口进城务工、农村留守人口的现象、农民工工资拖欠等问题频频出现，媒体在对此类议题进行报道时，必须切实解决好农村与城市、农民身份与市民身份之间相互认同的矛盾，保障二者之间的关系向更顺利平滑的方向发展。城乡二元结构不断深化发展的同时，出现冲突与摩擦增加了农民对多样化信息的需求，这些信息也要求传媒机构不能再仅仅局限于以往简单的农业和农事信息的生产，而要更加社会化的"涉农"信息。如果一味地按照"就农言农"的传播思路，反而不利于农村社会的发展，扩大媒介农业传播的信息覆盖面，如农民子女教育问题、农民工权益问题等，这些信息虽然与农业生产无直接关联，但是也关乎广大农民的切身利益，理应将此类信息纳入公共服务的传播体系中去。由于媒介出于对经济利益和收视率的追逐，长久以来已经形成了以"城市为中心"的传播思路，忽视了对"涉农"的相关信息，造成了广告商对"涉农"信息的不重视，由此陷入了不断循环的怪圈，导致媒介内容在这方面的缺失。大众传播对社会的稳定发展、城乡之间的不平衡关系和农村被边缘化的现象能够起到中和作用，伦纳和施拉姆在 *Communication and Change in Developing Countries* 一书中表达了类似的观点："媒介使用的接近性，能够改变人的生活方式和态度，那些更易接近媒体的个人或村落，较之那些不怎么接触媒体的个人或村落而言，他们拥有更积极的生活态度，以及更愿意承

---

① 庹继光、刘海贵：《主动为农民群体担当"信息公仆"——"对农传播"向"为农传播"嬗变的理论阐释》，《传媒评论》2006 年第 2 期。

担某种现代性的角色，大众媒介与社会现代化发展有着密切的关联"，所以必须重视大众传播对维护社会大系统稳定运转的重要性，把农业传播纳入公共传播的框架之中就显得更加重要。

# 本章小结

为了构建公共性的农业传播媒体，我们可以从西方的公共传播体制中吸取一些有益的经验，但需要厘清的关键一点是，西方公共电视设立的初衷——独立于政府及其他各种利益集团，而我国的传媒业始终要坚持的是党对媒体的领导，在建构一个具备公共性质的农业传播的媒介话语体系时，不能脱离中国的现实语境，完全寄希望于西方国家那一套公共传播体制，这样的做法是不科学、不可取的。

在构建具有中国特色的公共传播话语体系时，不能悬置中国传媒业的现实情况，不应忽视社会历史背景和权力问题。倘若盲目希望把西方公共传媒的传播体制，直接套用到中国现实，忽视国家、社会、市场内部及不同阶层之间的动态博弈，则会陷入一种狭隘化的认知偏见，遑论农业传播媒体之公共性的实现可能。所以，基于我国的现实语境，探索一条更为多元的"为农传播"的话语体系和传播模式将是未来公共传播研究的必然趋势。积极建构农业传播公共传播体系，把农业传播发展为公共传播，对于农业传播的未来长期发展非常重要。

# 第六章　农业传播的三大内容支点

　　美国著名传播学家施拉姆曾经对大众媒介在发展中国家发挥的作用进行了概括，即：推广农业新技术、普及卫生知识、扫除文盲、实施正规教育。① 其中大众媒介的首要受众定位为农民，农业传播显然在发展中国家应该占有相当大的比重。然而，基于 2016 年对中西部农村的调研以及涉农媒体的访谈，大致勾勒了目前我国农业传播整体现状——媒体信息分布格局失衡，频道资源占比悬殊，受众需求与媒介内容供给错位。对一个五分之三人口为农民的农业大国，这种传播整体失衡的状况是令人忧虑的。面对现代信息技术的冲击，大众媒介作为变革的代言人、促成者，并没有很好发挥自身的作用，给予有效的指导和培养，从一定程度上影响了农村现代化的改革进度。虽然，国家从"十一五"规划就提出要建设社会主义新农村，然而十几年过去了，新农村建设中非常重要的、具有连接政府与农民的中间桥梁——农业传播，依然游离于农村。因此，如何改变农业传播的现实状态使之发挥自身的功能，更好地为国家与受众服务，是迫切需要思考和讨论的。在上一章节中，我们从我国农业、农村以及农民的特点与现状进行分析已经得出这样一个结论，即实践证明农业传播不适宜走完全市场化的道路，需要转型走公共传播的道路。这种转型不但符合农业

---

　　① 参见［美］施拉姆：《大众传播媒介与社会发展》，金燕宁、蒋千红、朱剑红译，华夏出版社 1990 年版。

135

传播现实的需求。英国传播学家麦奎尔对公共传播特征的归纳：服务的普遍性、内容的多样性、编辑的独立性、社会责任至上、高质独特的文化内容、公共财政、经营的非营利性。① 同时也将彻底改变农业传播目前尴尬的现状而更好地成为国家政府与农民之间沟通的桥梁。

除改变传播定位之外，构建符合"三农"高质独特的媒介内容是农业传播改善当前游离于受众之外状态的重要举措，同时也是真正体现深入农村、贴近农民、以农民利益为根本宗旨的重要表征。通过 2016 年对中西部农业传播满意度的调查以及对农业电视传播内容进行的分析，可以清楚地发现，传播内容与受众需求之间存在明显的不对位。这也是导致农业传播效果欠佳的重要原因之一。因此，农业传播从内容入手进行调整与改革是非常有必要也非常具有现实意义的。

## 第一节　实现农业有效传播的三个内容支点

既然是农业传播，宗旨是为"三农"服务，那么前提条件一定需要对"三农"进行翔实、细致的了解。借用传播学效果理论中的受众理论来分析，农业传播的服务对象比较有针对性，站在服务对象的角度去考量，改善农村面貌到底需要什么样的信息？遇到什么样的问题？农业提高水平需要什么样的信息？现代化高科技农业在实施过程中遇到什么样的障碍？"三农"中的主体——农民到底关心什么样的内容？什么样的信息对于农民来说是能够带来实际帮助的？思考、调查和回答这些问题才是真真实实地做"三农"的传播，做给农民看的传播。通过发放调查问卷以及入户访谈，大致归纳农民需求不能被满足的内容有以下三个方面，即政策解读、农业科技以及民生问题。

---

① 陈信凌、刘西平：《探析国内电视公共频道概念的模糊性》，《新闻大学》2015 年第 1 期。

## 一、解读传播农业政策

政策，简要地说是指"国家机关、政党及其他政治团体在特定时期为实现或服务于一定社会政治、经济、文化目标所采取的政治行为或规定的行为准则，它是一系列谋略、法令、措施、办法、方法、条例等的总称。也可以说是政党、政府在政治上、经济上所采取的方针、策略以及推行方针、策略所采取的手段"①。农业政策是指由政府发出的用以解决"三农"相关农业问题的政策性、法规性、条文性的信息。②自从2004年开始直到2018年，中共中央连续下发15个中央一号文件，都跟"三农"关系密切。在这样的时期，对于"三农"的主体——农民而言，深入了解农业政策的重要性尤为突出，在这些文件中其实都蕴含了国家解决"三农"问题的思路路径和方向等，与每个农民的利益都影响深远。因此，通过不同的媒体对国家的"三农"政策进行精准解读和传播，其重要性和意义一目了然，不仅迅速为大众所知晓，并且能进而发挥最直接的现实影响力。农民受众对政策的把握不仅关系到自身的利益，同时也在对地方政府是否认真执行政策进行监督。从这个意义上来看，解读政策的任务虽然艰巨，但对受众与政府而言，都是必要且意义重大的。

## 二、推广农业科技信息

对先进的农业科学技术进行推广，对先进的农业科普知识进行普及，也是媒体为社会经济发展服务，促进科技成果向生产力尽快转化的有力手段。作为拥有近14亿人口的中国，农业是国民经济的基础产业。"目前，我国已进入由传统农业到现代农业转型的新阶段。但应清醒看到，农产品质量差、效益低、农民收入增长缓慢，以及农业资源过度消耗与环境破坏、农业国际竞争力不强等问题，已成为新阶段农业和农村发展最重要的

---

① 庄小琴：《农业政策学》，气象出版社2000年版，第8页。
② 姚兴举：《试析农业政策传播的障碍因素及对策》，《自然科学》（文摘版）2016年第5期。

制约因素。"① 然而，解决这些问题最主要的措施就是大力发展与推广农业科学技术。整体落后面貌要想得到彻底提升和改变，在农业生产中尽快使用先进的农业科技，提高农民自我管理能力，全方位提高农业生产力。同时农民要想过上好日子，提高生活水平，也必须提高自身的农业科技意识与水平。从这个意义上来说，农业科技信息传播显得尤为紧要。针对农民群体的文化水平，针对不同地区农村的实际情况、针对不同时节制定有效的传播策略非常关键。做好这三个针对性，才能更好地发现、实现农业科技报道的现实价值，才能真正传播先进的农业科学技术，传递农民最需要的科技信息，服务于农业生产，带动农村整体工作的推进并得到广大农民朋友的欢迎。

### 三、关注农村民生新闻

服务"三农"还有一个非常重要的指标就是如何体现"以农民为本"。除了政策上的扶持之外，在媒体平台给予农民以话语权，让农业传播成为农民发言的阵地也是至关重要的。让农民拥有话语权，在关系到自身切实利益的事件上拥有主动权，还能对国家、社会形成应有的影响。曾有学者指出"话语权是利益的代表"，那么给予农民话语权实质上是给予他们在社会上真正维护自己合法权益和尊严的有力武器。农村民生新闻关注和传递的就是每天发生在基层农村的事，发生在农民自己身边的家长里短。媒体站在农民的视角，去采访报道发生在农村的真人真事，报道他们的衣食住行，体验他们的感受，解决他们身上遇到的难题，这才是民生新闻之根。

施拉姆曾说："信息不仅在国家之间游动失衡，在国家内的流动也很不平衡，信息水平总是随着与城市距离的增加而迅速下降，大城市比农村

---

① 参见张守林：《新时期农业信息化建设的重要性》，《现代农业科技：种子与种苗刊》2005 年第 2 期。

地区更容易得到信息，这种差距在发达国家要小一些，在不发达国家则非常明显。"① 正是因为存在这些差距，需要新闻媒体尤其是农业新闻媒体反思并努力去弥合差距，而做好农村民生新闻就是一条有效可行的途径。一方面，"农村民生新闻从城市市民向乡村村民的延伸，有助于改变农民失语的状态。"② 2015 年、2016 年《社会蓝皮书》接连指出 2014 年以来农村征地问题、劳动关系问题、环境问题、城管执法问题继续成为社会矛盾冲突多发频发的主要诱因；③ 因为劳动关系冲突、征地拆迁矛盾以及环境污染引发的群体性事件仍是"多发频发"④。群体事件的频繁上演折射出农民话语权保障的严重缺失。因此，要想建设民主化的社会主义新农村，解决"三农"问题，农民必须先获话语权，而农村民生新闻正是在为农民群体提供一个表达的渠道和平台。从贴近事实、贴近生活、贴近群众的"三贴近"原则着眼，凸显农村民生新闻以民为本的特点，同时也构建了一个听农民说话、为农民说话、说农民话的属于农民的媒介阵地。另一方面，新型农民通过民生新闻培养和树立符合时代要求的新观念。"我国现阶段农民群体是不断衍化的，衍化出一些新的农民亚群体：在农村从事规模农业经营的人、在村镇兴办企业的人、从事农产品销售经营的经纪人、到城市打工经商的人……即所谓'新型农民'。"⑤ 他们是新农村建设不可忽视的群体，他们的素质、观念、精神、生活从某种程度上更能反映农民在现代化进程中的适应与变化。因此，通过农民视角、民本取

---

① 参见［美］施拉姆：《大众传播媒介与社会发展》，金燕宁、蒋千红、朱剑红译，华夏出版社 1990 年版。

② 参见彭逸林、金洁：《电视民生新闻与建构和谐社会》，《当代传播》2008 年第 2 期。

③ 2015 年《社会蓝皮书》发布暨中国社会形势报告会，http：//webcast. china. com. cn/webcast/created/20288/152_ 1_ 0101_ desc. htm。

④ 社会科学院发布 2016 年《社会蓝皮书》，http：//www. yjbys. com/news/411253. html。

⑤ 薛涛：《由"对农"到"涉农"：农业电视节目新转向》，《当代传播》2015 年第 1 期。

向的农村民生新闻，与农民产生精神上的接近、情感上的共鸣，从而对传播内容产生"偏好式解读"①，进一步将民生新闻中适应时代的价值观念有效传播，不仅对传统农民，更对新型农民产生积极影响。"通过消息、故事、调查、短评等形式，引导农民树立市场观念，参与竞争；树立民主观念，积极参政；树立科学观念，抵制迷信；树立环保观念，珍爱家园；树立法制观念，依法办事；树立学习观念，提高素质。"② 只有真正将关怀的目光投向农民，为他们提供参与社会生活的机会，从而可以起到疏通社会矛盾、减缓社会压力的作用，有利于建构和谐社会。

## 第二节　实现农业传播三个内容支点的媒介路径

农业政策、农业科技、民生问题是农业传播的三个核心内容，那么从农业传播服务根本宗旨出发，解读农业政策、推广农业科技、关心民生也理所应当成为其支柱型的生产内容。那么，媒体通过什么路径做好这三个内容支点的生产和传播呢？

### 一、准确解读传播农业政策是首要任务

这不仅由农业传播以担当党和政府喉舌耳目为自身属性所决定，更是解决"三农"问题根本性需求所决定的。

（1）对于农业政策的传播和解读，从事农业报道的各个新闻媒体，要学会积极应对。在政策传播，尤其是农业政策的传播方面大有可为。农业政策解读需要保持积极的心态，发挥创造性思维。如央视农业频道经常采用的邀请负责起草相关文件的专家学者走进演播室，对农业政策出台的相关信息完整告诉观众，增加了大家对政策的了解和接受。如有些省级对

---

① 石义彬：《单向度　超真实　内爆——批判视野中的当代西方传播思想研究》，武汉大学出版社 2003 年版，第 139 页。

② 张从春：《民生新闻在新农村建设中的角色》，《东南传播》2006 年第 6 期。

农传播频道也适时结合农村政策活动，推出相应的节目和传播方式，结合自身频道和栏目特点，帮助农村政策寻找更合适的方式进行对农村市场的精准传播。如河北农民频道的《村里这点事》栏目，在农村政策大背景下，以讲述农村人因此发生的种种改变，让"农村政策"成为街头巷尾的热门话题。河南新农村频道则借助河南深厚的豫剧文化，特别是农民最喜欢豫剧的特点，开创《欢乐中原行》栏目，形成"文化搭台，经济唱戏"局面，专门为农村政策业开辟了一个新的传播渠道。有时还添加了报告摘要、专家解读、背景资料及配文图片，使得系列报道生动、具体，至今仍给人印象颇深。

（2）农业媒体应该从自身做起，参与人员先对相关政策内容进行准确消化，将理论化的政策与农民实际问题相结合，从而找到更有效的报道维度。面对受教育程度较低的农民受众，如何有效进行政策解读从而达到应有的传播效果，也是向农业媒体政策解读与传播提出的挑战。"由于现代人的利益多元化、价值多元化，如果新闻媒体不对政策进行准确、主动的把握和解读，极有可能使人们对政策存在各种各样可能的误读、不理解乃至对抗情绪，影响政策影响力、执行力、效力和社会和谐。"[①] 在这种情况下，媒体对政策是否能够很好地把握和正确理解，对政策的传递效果影响很大。一般来讲，报道者和政策的受众之间距离较远，主要原因还是媒体在报道过程缺乏农民视角，贴近意识不强。面对经济社会地位较低同时受教育程度也低的农民受众，农业媒体务必向懂政策的专业人员将农业政策进行详细、深入的取经、学习、理解、消化，并分析政策的适用区域、适用群体、适用范围等。通过媒体拉近农民与政策的距离，使他们更关注、更关心与自己休戚相关的"三农"政策。

（3）农业传播媒体必须清楚地知道自己生产的内容是做给谁看，核心受众是谁。根据受众接受水平与能力，为受众量身打造政策信息传播策

---

① 杨兴锋：《政策解读的意义》，《中国记者》2016年第1期。

略。刘燕在《试析对农政策传播的障碍因素及对策》中，清晰地描述了在政策传播过程中，传者与受者之间的立场差异："政府传播是一种政治劝服性活动，政府希望受众接受和认可信息中包含的观点或立场。对于受众来说，他希望在传播活动中听到政府就他所关心的问题提出的观点和主张，以及相关的论证和事实，以供自己权衡和参考。"① 因此，农业媒体要做的就是用什么样的语言，并且结合适用性强的案例将农民想听、政府想说的内容呈现出来。如果传播的内容农民受众不太熟悉，那么媒体人就要设法对内容进行精确解读，用农民受众听得懂的方式去传播，通过这样化繁为简、化难为易、化深奥为通俗的解读方式，让政策真真实实凸显它的实用性特征，同时也切实实现以农民利益为根本的宗旨。

（4）在面对经济发达程度、现代化程度不同的地区，各级地方媒体要结合当地的"三农"情况有针对性地给予政策信息的解读和传播。也就是说，中央政策面对的范围是全国，然而各地区实际情况有差异，在政策信息的需求方面也有所不同。所以，结合实际地区，精准对位给予政策信息的指导有非常重要的现实意义。

## 二、适时报道农业科技是农业传播的主要责任

从步入社会主义市场经济开始，再到新农村建设、新型城镇化建设，科技兴农一直是标志性口号。然而，就农业科技水平而言，无论是科技观念、科技能力、科技推广，我国仍然与发达国家存在一定的差距。由此反思，作为最便捷、最可能迅速产生影响力的农业新闻媒体——农业科技传播的中坚力量，有没有称职地服务好政府与农民受众呢？何奇、范伟在《农业科技报道的"三大误区"》中明确地指出了目前农业科技报道存在不求实际、窄视野、限定时效性以及重形式轻实质的问题。② 因此，适

① 参见刘燕：《试析对农政策传播的障碍因素及对策》，南昌大学硕士论文，2007年。
② 何奇、范伟：《农业科技报道的"三大误区"》，《当代传播》2003年第1期。

人、适时、适地地报道农业科技是农业传播在现今时代的重要社会任务。农业传播在报道农业科技方面需要重视通俗性、真实性、精准性以及时效性四个方面。

通俗性，这是农业传播的首要前提。一般来讲，农民受众知识水平偏低，接受专业技能培训的水平也偏差，这方面经历也不多，这些都会直接影响对信息汲取的速度和质量，进而直接影响传播的效果。从这个角度来说，农业传播的第一任务就是将复杂、深奥的信息简单、通俗化，这就要求从业人员不仅需要具备相当的农业专业知识，在此基础上对农业政策、农业科技、农业科普知识以及农村的风土人情等等用农民能够理解的方式进行传播，以期收到好的传播效果。

真实性，这是农业科技信息传播的本质属性。时下"高科技"类词汇很流行，尤其在农科信息报道中使用频繁。细究之下发现，很大一部分所谓的"高科技"不过是技术改良、经验提炼的结果。那么为什么要冠之以"科技含量高"这类名头呢？一个原因就是报道为了别出心裁，另一个原因就是新闻从业人员对相关知识的欠缺导致报道的不准确。农业媒体报道的农业科技信息对于农民群体来说，一方面是为了培养他们科技兴农的意识和观念，更重要的任务是为了解决生产中的实际问题。真实性是这类信息的根本价值需求所在。因此，农科信息报道不需要标新立异，更不能够弄虚作假，刻意夸张。除此之外，农科新闻工作者的农业科技专业素养也是非常重要的，熟悉和掌握基本的农业科普知识，了解最新国际农业科技动态，方可以比较专业的水准进行农业科技信息的解读报道。

精准性，是实现农业科技信息有效传播的基本要求。做好农科节目，必须清楚地知道自己的核心受众，更需要清楚了解受众的区域差异性。我们国家国土面积很大，各地气候、土壤、风土人情、农业特色产品等等都各有特殊性。那么在农业传播中，非常有必要去分析差异，将农科信息根据地域分类且有指向地传播到不同区域的农村。如果是全国性的定位，就需要照顾到北方农民的需求、考虑南方农民的喜好，不能有偏向性和侧重性。这其实对传播者提出了一个很高的要求，在懂技术的同时，必须下到田间地头做实际调研，熟悉本地区的气候特点、农作物种类等，进行有针对性的、具体的、有效的指导。

农村地区性差异客观存在，导致对农业科技信息需求有所不同。这就要求农业传播者必须制作符合当地特色的农科节目，凸显当地最重要的农科议题，契合当地农民最迫切的发展需求。

时效性，尤其在农科信息方面的重要性十分突出。农业有特殊的"农情"，按季节提供信息和指导是通常的做法。在日常农业科技报道中，应紧紧把握农业生产的各个环节，做到适时、适事。换句话说就是追求时效性，以最快的速度把农民所需送到手中，否则就成了"马后炮"，农业科技信息的报道也就失去了它本来的意义。其实，这也正反映了农业科技信息报道专业性强的特点，传播者一定要对农事非常熟悉，这也从一个侧面对从事农业新闻传播专业人员的农业科普知识素养提出了较高要求。

总之，由于农业科技信息对于农业生产结构调整、增加农民收入、改善农业生态环境等方面的影响显著，农业传播一定要根据农科信息的特点，重视传播内容和传播方法。

### 三、报道农村民生新闻是"三贴近"的重要实践

虽然不同的学者对什么是民生新闻有着各自不同角度的认识和观点，但是有一个说法是已经达成共识的，那就是民生新闻是"最新的有关人民大众生计来源、生活质量、生存状态、生命安全及其相关心态的事实的报道"①。通过这个概念理解农村民生新闻就是从关注、关心农民生存、生活的角度出发，运用新闻报道的形式来为农民群体发声，同时也满足他们对与自身休戚相关的社会信息的了解。

进入转型期的中国农村正在经历着剧烈的变化，农民的生活状况、思

①　陈立生：《民生新闻的界定与实践》，《新闻爱好者》2005 年第 9 期。

想观念、经济收入等都不同于过去，因而，迫切需要农村民生新闻展现新农村的发展面貌，展示新农民形象，反映农民在生产生活中遇到的困难，推动农村大众文化的发展。在当前"重城市轻农村"这种媒介资源分配不均衡的情况下，农村民生新闻的出现可谓是一种对旧格局的改变、对弱势且庞大群体的一种关注。从2016年进行的调研结果也可以看出，无论中部地区农民还是西部地区农民，都把民生类新闻列入了他们最关心内容的前五位。因此，根据农村民生内容的特点，借鉴城市民生节目成功经验，需要从以下几个方面进行农村民生新闻架构。

（1）原生态。农村民生新闻主要是要原汁原味地反映普通农村百姓生产和生活。

（2）现场性。农村民生新闻也需要现场感、真实感、代入感，让农民受众通过电视看到真实同步发生的事件。

（3）及时性。如果有突发性新闻发生，农村民生新闻也可以打断原先安排，及时切入现场，撤换事先编排好的新闻，插入最新的消息。新农村的生活形态多种多样，每天每时每刻都有故事发生，及时报道农民关心的、新近发生的新闻事件，就可以让他们更好地了解农村发展动态，真正置身于整体发展的社会大环境中。

（4）互动性。现在手机普及率已经很高，即便在农村也人手一部。手机本身具有的拍摄、采访、发送等功能，就可以与媒体进行很好互动，让农民受众也真正参与到节目制作中。让他们参与到与自己生活、生产相关的内容中，真正做"三农"新闻的主人翁。

（5）舆论监督的有效性。关注农村民生，通过暴露问题，给予相关问题解决办法，实施舆论监督，关注问题解决的后续情况，是农村民生栏目的重要责任，也是赖以生存和发展的重要基础，尤其对侵农、坑农、愚农、伤农的事件，注重报道事件效果的显著性才能取得受众的信赖与支持。

（6）娱乐性。即便是报道农村的新闻，也有很好的娱乐性。现在农民的文化生活也越来越丰富，并且随着时代的进步，农民对精神生活的需求日益加大，各地农村也开展了丰富多彩的娱乐活动。通过农业媒体，不仅可以展示新农村新农民的生活面貌，也可以为他们提供更多元的休闲内容以丰富他们的日常生活。

（7）服务性。在我国，农民依然是最大的弱势群体，"尤其是其中的纯农户家庭，老、愚、病、残家庭，老、少、边、穷地区家庭，以及农民工群体。"① 因此，为农民提供法律咨询服务、科技知识服务、农业政策服务等都是农村民生新闻栏目的重要日常内容。

总之，要想赢得农民受众的肯定和信赖，农业传播务必要秉持和实现"从农民中来，到农民中去"这个根本原则。

中国在城乡一体化和新型城镇化建设快速推进过程中，一定要高度重视农业、农村、农民问题，针对农村群体集中关注的问题，农业传播一定要深入细致地给予解析和指导。通过寻找亮点、发现难点、针对焦点、触及冰点，使农民的生产、生活、生命状况能够得到关注和重视。保证农民群众的利益，助推"三农"事业发展。

改革开放 40 年的努力，使我国社会整体的经济发展水平得到了巨大提升，但经济结构的发展仍然存在不合理现象，城乡二元结构的不均衡发展使我们必须提高农业村地区的重视程度。农村地区的社会经济发展水平较全国平均水平而言，仍然较低，这在某种程度上影响了传媒业体系中农业传播的发展。农业传播在我国大众传播体系中一直处于边缘地位，被主流媒体所忽视，以至于整体状况处于失衡、错位、缺位的状态。农村新型城镇化建设的推进也向农业传播——新农村建设的推动器提出了新要求。为了改善或优化农业传播不尽如人意的现状，从媒介内容的整体框架、报道重点着手进行调整，才能更好地服务于新农村建设。

---

① 周春霞：《论农村弱势群体的媒介话语权》，《安徽大学学报》（哲学社会科学版）2005 年第 3 期。

当然，农业传播内容的调整涉及人员配备、基础设施配备、财政支持等多方面的因素，需要多方力量的支持。

首先，需要考虑农业传播属性定位的转换。根据"三农"在我国的特殊地位与现实困难，我国现有的"事业单位，企业化管理"管理体制，不利于新闻媒体在新农村建设过程中发挥更大的作用。为此，有必要转变以往的发展思路，以政府为主导构建一个全新的农业公共传播体制，为农业传播构建有威信力、有说服力的媒介内容，同时给予人力、政策、资金力量的支持。当然，该体制的构建涉及面很广，不是依靠单独的力量就能完成，需要政府、业界和学界等多方面的探索和努力。

其次，农业传播要想打造真正为农民服务的媒介平台，传播农民需要的媒介信息，就必须要从理念开始进行转变。中国的农业传播更应该改变观念，打造一个为"三农"服务的、媒体垂直逐层分布的专业化平台。在对话模式方面，应当建立平等沟通的关系，或者更进一步建立受众为本的服务关系，打破科层制的官僚壁垒，重构农民、政府、媒介之间的对话机制。在资源配比方面，借助互联网共享原则，实现央视和地方农业媒体资源共享的良性循环，打造一个完整的农业传播生态体系，服务于广大农民群众。在结构方面，根据农民获取"三农"信息的习惯，打造以电视为主、互联网平台同步、新媒体辅助的多元立体传播形态，有效利用各种媒体的不同功能引导农民走科学发展、科学致富之路。同时，有效连接从中央到省、市、县乃至村的媒介机构并形成农业传播系统，使得信息的利用从上到下适时、适地；而信息的回收从下到上及时、准确。与此同时，媒体应该拓宽信息反馈的渠道，做到让农民"有话可说"、"有话敢说"、"有话能说"。各级媒介机构可以有针对性地培养农民的反馈意识、反馈方式等，让受众能够充分利用多种反馈手段，促进反馈行为的长期有效进行。在人员配备方面，既要有媒体人的专业知识和广阔视野，又要了解媒体运行规律，还要熟识农业专业知识，还要有责任地去生产贴近农业、农村、农民的信息内容，有能力熟练操作采编设备、制作网页等。在吸引有新闻传播专业知识和农业专业技术人才的同时，要逐步培养一支懂农业、爱农村、心中装着农民的农业宣传记者队伍。他们的报道才能引起共鸣，才能真实反映农民的心声。

除此之外，务必要深入农村基层，不仅仅包括生活在农村的百姓，也包括农村户籍人口在城市的生活工作情况，在确保信息准确的前提下，及时有效地为农民提供包括生产、生活信息和各种娱乐在内的全方面内容。在网络化、数据化的时代，从政府到媒体都应重视"三农"大数据挖掘，使"三农"信息经过数据规整，在运用时真真实实发挥它的价值，从而实现农业公共传播的最终目的，也为我国新农村建设发展起到积极推动的作用。

# 本章小结

从农业传播的根本宗旨出发，CCTV-7农业频道应该是国家农业政策的解读者、农业科技的推广者和农村民生新闻的报道者。

第一，CCTV-7农业频道应该是国家农业政策的解读者。准确、贴近地解读国家农业政策是农业频道的首要任务，这不仅仅是由农业传播以担当党和政府喉舌耳目为自身属性所决定，更是解决"三农"问题根本性的需求所决定。这是农业频道的第一内容支点。

第二，CCTV-7农业频道还应该重点进行农业科技的普及和推广，在现今时代，有针对性地进行农业科技报道也是农业传播的重要社会任务。这是农业频道的第二内容支点。

第三，CCTV-7农村民生新闻也应该是农业频道重点报道对象。深入挖掘农村故事，悉心关心农民生活的农村民生新闻是"贴近实际、贴近群众、贴近生活"的重要实践。这是农业频道的第三内容支点。

# 第七章　互联网背景下电视农业传播的未来

　　随着信息技术的发展以及微博、微信等新传播方式的快速普及，传统传媒行业日渐式微，传统媒体必然衰落已经成为行业共识。农业电视媒体的主要观众还是广大的农村用户，农村用户向互联网迁移，导致了农业电视很多受众的流失。媒体未来的发展必须走融合之路。传统媒体应抓住机遇，加快媒体融合步伐，才能不断增强媒体传播力、公信力和影响力。农业电视推进媒体融合不仅符合国家融媒体发展的战略要求，也是农业电视转型的必然选择。

　　媒体融合是信息传输通道多元化下的新作业模式，是把报刊、电视台、电台等传统媒体与互联网、移动智能终端等新兴媒体有机结合，实现资源共享和集中处理，进而衍生出不同形式的信息产品，然后通过不同的平台传播给用户的一种运作模式。媒体融合是信息时代背景下一种媒介发展的理念。①

## 第一节　农业传播向全媒体转型发展

　　随着技术的进步、互联网的发展、移动智能终端的普及，互联网尤其

---

　　① 柳倩：《媒体融合背景下我国学术期刊的发展对策》，《出版广角》2015 年第 Z1 期。

是移动互联网已经渗透到生活的方方面面。移动客户端、微博、微信等社交媒体等迅猛发展，并逐步取代 PC 端门户网站成为网民获得信息的主要渠道，技术平台的成熟提供了很多很好的宣传推介渠道。

我国农民数量众多，随着农业现代化的扎实推进，"三农"政策利好不断叠加，农民收入提升加速，购买力不断增强。一方面，随着农民收入水平的提高，农民对文化的需求越来越强烈，越来越关注与自身相关的"三农"视听内容；另一方面，"十二五"期间，我国已经初步建成快速便捷的网络环境。网络覆盖更广，网络速度更快，农村互联网的普及为农民提供了很多媒介选择。农业村互联网的布局，对"三农"视听内容的开发、深耕成为农业电视的又一个发力点。

受益于国家政策、央视背书和农业节目的专业优势，CCTV-7 农业频道的网络影响力稳居央视前列。2015 年，CCTV-7 农业节目在所有央视频道中，网媒关注度排名第五，网民评议度排名第九，视频点击率排名第五。[1] CCTV-7 农业频道媒体融合的总体目标是打造"农影智造"自有强势品牌，建成中国"三农"第一视听服务平台。"农影智造"立足全媒体，为包括 CCTV-7 农业频道、农视网在内的全媒体提高优质的原创"三农"视听内容。中国"三农"第一视听服务平台以"农影智造"为核心，以"三农"视听内容建设为根本，以一体化运作、多元化经营、扁平化管理为体系，努力打造一个拥有强大竞争优势、影响力、公信力的中国"三农"领域全媒体服务平台。既有农产品信息宣传功能，还有农产品品牌打造、优质农产品销售流通等功能。农业频道的这种融媒体与全媒体传播发展探索，可以成为传统媒体发展的一个重要方向。

## 一、农业传播向全媒体转型意义重大

多元化经营背景下的产业布局成为媒体立足的基本模式，传统大众媒

---

[1] 数据来源：北京美兰德信息公司。

体始终坚守新闻理想和内容为王，受制于以传播者为中心的生产发布模式，往往忽略了用户的需求和习惯。移动互联网时代，单纯依靠新闻生产和信息加工已经无法满足用户的需求，也很难获得较强的竞争优势，互联网分流了传统媒体的用户和广告，内容的价值已经被快速稀释，渠道、技术、经营、管理等已经和内容处于同等地位。在媒体融合时代背景下，媒体的服务化转型越来越迫切，信息服务链中的每一个环节都值得深耕。当前，电视媒体单纯的二次售卖已经很难形成新的盈利增长点，多元化的经营、全媒体的传播方式已经成为未来媒体发展的基本模式。

全媒体时代的到来，使得观众的生活方式发生了巨大的变化，也给农业电视频道带来了新的机遇和挑战。

一是内容的多样化：电视节目中大量的融合报刊、广播、互联网、手机、微博、微信公众号等内容，既有直播联系，又有网络论坛的互动，更有手机视频直播、微博播报等。

二是传播方式的双向互动：新媒体的出现为电视节目的互动提供了可能，新媒体能使受众更好地互动交流，受众具有更多的选择性和主动参与能力，短信、电话、网络、微博、微信等为观众搭建了一个相互交流的空间，电视节目的传播方式实现了单向线性传播向双向互动传播的跨越。观众从以前的单方面接收信息到现在的积极参与互动，发表自己的意见。[①]比如现在大多数电视台都设立了自己的官方网站，开通了官方微博、官方公众号等，网民和观众可以在论坛、微博、微信公众号上即时发表自己的看法和意见。

三是社会参与度大大增加：一般来说，拍摄电视新闻是电视记者的专业工作，现在，随着数字技术的发展和摄像技术的普及，在现场的每个人都可以成为一名记者，尤其智能手机的开发和使用，每个人都可以是记录者、传播者。

---

① 万俊杰：《全媒体时代电视新闻节目发展趋势》，《青年记者》2012 年第 28 期。

四是直播常态化：直播的基本功能是同步展现新闻现场，对新闻发生的、来自现场的声音、图像等信号以及事件周围环境的反馈等进行实时播出，尤其可以进行即时性的互动传播。

作为农业传播媒体领头羊的 CCTV-7 农业频道，在媒体融合的大环境下，更应该抓住机会，立足实际，把媒体融合作为一项系统工程推进，从实际出发，利用机会、克服劣势、发挥优势、回避威胁、寻求途径，探索一条适合农业频道发展的创新之路。要充分了解国内外媒体融合的进程，掌握媒体融合的基本操作模式，大胆借鉴可行的经验进行局部试点。认真研究农业传播存在的问题，节目创作中在考虑经济效益的同时，关注社会效益，实现投入与产出的平衡；在考虑节目收视率的同时，考虑媒体的社会责任，关注社会弱势群体的需求和利益。努力争取把农业传播逐步变成公共传播体系中的一员，履行农业传播的社会道德责任。在节目创作中，选取真正为农民利益着想、为农民民生所求、为农业发展有利的节目内容进行转播。在农业传播路径上，努力把传统媒体和新媒体进行有机融合，争取一次采访、多次编辑，多角度利用，在不同平台进行综合传播的全媒体传播。尽最人努力改善农业传播渠道少、资源紧张、选题单一、受众狭小等问题，实现农业专业传播的创新性变革，全面推动农业传播的发展。

## 二、推进农村网络化工程建设

随着国民经济的迅速发展，农村网络化受到各级领导和社会各界的重视，在社会经济发展中的地位、作用更加突出，这对于提高社会经济运行质量和效益，实现跨世纪的远景目标，有着重要的意义。信息化是当今世界经济和社会发展的大趋势。信息化技术在农业领域内的普遍应用，将对农业的发展起到难以想象的巨大推动作用。随着我国农业产业化、农业标准化的不断深入，① 农村网络化工程为电视农业传播的全媒体建设和网络

---

① 农村基层信息化建设工作方案文秘 114，http：//www. wenmi114。

化生存，提供了重大保障与机遇。

信息传播在农村还存在很多问题。比如农民朋友需要的信息无法传入进来，导致农民无法有效接收。与此同时，农民非常需要的农产品销售信息等重要需要传递出去的信息，更是由于信息不对称，信息传递渠道的不畅通无法有效传播出去，致使信息总是处于不对等状态。这种状态严重阻滞了"三农"的发展。当然这些现实情况都为电视农业传播的发展提供了布局机会。

### 1. 党和国家持续关注"三农"问题

作为国家级主流媒体，CCTV-7农业节目承担着党和国家农业传播的宣传任务。中国是农业大国、人口大国，农民数量众多，农村的稳定关系着国家的稳定。党和国家出台了很多"三农"政策，明确指出解决好"三农"问题是党和国家全部工作的重中之重，"三农"领域将发生深刻变革，会涌现出更多大事、要事、新鲜事，能够为农业节目的宣传报道提供更丰富的素材。

### 2. 网络普及和发展提供了渠道基础

随着技术的进步、互联网的发展、移动智能终端的普及，互联网尤其是移动互联网已经渗透到生活的方方面面，移动客户端、微博、微信等社交媒体等迅猛发展，并逐步取代PC端门户网站成为网民获得信息的主要渠道，技术平台的成熟提供了很多很好的宣传推介渠道。

### 3. 媒体融合有政策有经验

中央高层专门研究部署媒体融合问题，就是要求电视等传统媒体要在互联网上继续扮演主流角色，发出主流声音，占据主流阵地。2014年中央专门下发文件强调要坚持传统媒体和新兴媒体优势互补，一体发展、深度融合，农业节目进行媒体融合，不仅响应国家融媒体发展的战略要求，也是在新媒体强力冲击下的必然选择。

### 4. 全国涉农领导品牌领航媒体还没有形成

虽然在涉农电视媒体中，已经有媒体融合、产业化经营比较成功的例子，如湖北垄上频道、河北农民频道、海南《绿色农业进行时》栏目等，但均具有较强的地域性，影响力和产业辐射范围有限。CCTV-7农业节目拥有中央级电视媒体的影响力和公信力，辐射范围覆盖全国，极具成为这一领域最权威融媒体平台的潜质。

## 第二节　农业科技和农产品数据库的建立与传播

全媒体传播极大地丰富了电视农业传播的传播通路，尤其是农业科技和农产品特色数据库的建立，对于农业传播的全媒体发展非常重要。随着信息产业的崛起和迅速发展，信息资源大量增加，在很大程度上增加了公众获取信息的方式，但与此同时，急速增加的信息资源与公众的"去资源"的能力之间出现了不匹配。

认真观察就会发现，人们处理信息的能力出现了问题，信息爆炸无形中使人们使用和选择利用信息出现困难，面对海量农产品信息，人们不知道如何作出正确的选择。第一，公众选择使用信息的能力进步速度大大落后于对信息的生产和传播能力的发展，逐步导致了信息的开发和有效使用之间的不平衡，带来的后果就是大量信息被淹没，无法被有效使用。第二，由于海量信息的存在，人们不得不花费大量时间和精力去搜索对自己有用的信息，对时间和精力都是一种巨大浪费，同时也影响了有效信息的及时使用，对信息的使用质量也带来巨大影响。那么应该如何正确开发使用有效信息呢？关键是要尽可能增加信息的开发、鉴别、选择、使用的能力，从而提高信息的使用效率。因此，信息资源开发利用的重要环节就是做好知识的采集、数据的挖掘、资源的重组、信息的加工等。建设特色数据库就是对海量的信息资源进行广泛的挖掘、深度加工的一个重要手段。

农业特色数据库的建立和传播则是农业电视网络化生存的一种重要形态，也是这几年对传媒行业影响最为重要的一项技术。数字技术造成电视频道资源的无限丰富。电视频道资源的无限丰富必然促进电视农业传播进一步向专业化发展。在电视农业传播进一步专业化发展的基础上，建立观众受众数据库与节目内容数据库。这些都是农业频道非常重要的资源，我们相信，随着内容数据库的建立，将带来农业传播的重大变迁。

在传统媒体转型发展的过程中，数据库的开发至关重要。有学者认为，是否注重建立、开发和运用数字资源，是传统媒体数字化转型程度的重要标志，这里的数字资源指的是数据库的开发。[①] 农业电视想要吸引观众的眼球，应建立与众不同的内容数据库服务系统。这就需要把建设特色农业电视数据库和开展特色服务作为重点工作来开展。[②]

## 一、建立农业传播受众用户数据库

### 1. 农业传播发展需要

伴随着专业细化、学科交叉、知识更新、信息资源膨胀的信息社会来临，数字化信息给大家带来极大信息量、节目数量大幅增加的同时，也给观众们带来了新的烦恼，从海量的视频内容中检索出自己感兴趣的、完全符合自己口味的视频内容，往往使部分观众尤其是对新媒体接触不多的观众不知所措。很多观众面临着通过什么样的方式才能及时准确获取自己所需要的视频内容，这一难题困扰了很多人，并且逐渐成为一个社会性难题。农业电视特色数据库的建设则是解决这一难题的有效途径。农业电视特色数据库为特定用户提供专业的、实用的信息服务，满足人们对节目信息的需求。因此，农业电视应发挥自身优势，大力建设特色数据库。这既是市场开发者的需要，更是节目受众的需求。

### 2. 丰富我国农业传播文献信息资源

在我国资源数据库建设过程中，农业传播媒体依托长期积累下来的海

---

①　黄建远：《报业数字化转型中的内容数据库开发研究》，《中国传媒大学学报》2013年第 3 期。

②　干冬力：《浅谈特色数据库建设的选题和意义——以"浙商特色数据库"为例》，《农业图书情报学刊》2010 年第 2 期。

量音视频资源，把长期拍摄制作的大量农业电视节目进行数字化处理，按照一定规则进行编辑整理，分门别类地进行梳理，建设成独具特色的农业电视音视频资源库。无论对于我国文献信息资源的丰富完善，还是对于农业传媒的特色数据库建设，都是不可多得的一件大好事，对于弥补我国数据库建设的不足，保存国家文化产业科技成果，丰富我国农业节目资源，具有非常重要的意义。

3. 有利于农业信息资源共享

农业电视媒体根据自身的定位、受众群体以及传播手段、用户需求等特点来建设特色数据库，可避免数据库资源的重复建设，大幅度节省人力、物力、财力，非常有利于各种资源的合理配置和优化。

## 二、开发建立农业传播内容数据库

传统媒体在转型过程中，一定要结合自己单位的实际资源拥有情况，着手内容数据库的开发和建设，包括农业科技数据库和农产品品牌数据库的建设开发，对于完善农业传播路径、丰富农业传播资源非常重要。

1. 为传统媒体进行多元化、多渠道传播提供可能

传统媒体进行的是单向输出式传播，新媒体进行的是互动式双向传播。两种媒体的融合发展逐步形成了新的传播渠道，进而向全媒体传播转型。目前，CCTV-7农业节目的传播渠道除了传统的电视传播外，还有微博、微信、网站、客户端等。建设完成后，就可以实现一次采访、多次编辑、多次传播、多次利用，从而让公众通过各种不同的方式来接收农业频道的节目信息。这是传统电视媒体传播流程无法完成的。

2. 有利于开展版权贸易

数据库的建立，有利于农业节目在数字时代成为权威的内容供应商。随着技术的发展和进步，内容资源的数字化逐步提上日程，受众有了更多的选择，当然对传统媒体也形成很大冲击。但是，机遇和挑战同在，传媒电视媒体可以充分利用自身的各种优势，建设并开发具有自身频道特色的

内容数据库，通过版权贸易和其他各种方式，获得节目制作经费的补偿和版权经营利润。

3. 可利用数据库对农业频道的视频节目进行整理和保护

经过几十年的发展，农业频道积累了大量的非常珍贵的农业视频节目，鉴于农业节目数据库非常强大、数据管理难度也很大的特点，农业频道可以对视频内容进行便捷的查询、修改、增减、数据保护等工作，同时也可以满足公众对农业频道视频内容的查询需求。

4. 有效整理海量的视频内容

在视频内容整理过程中，数据库的建设和应用解决了数据的整理、查询和修改等问题，运用数据库对海量的数据进行梳理，内容视频分类更清晰，使得数据操作更为便捷简单。

5. 海量的视频内容得到了有效的保护

数据库不仅可以实现数据的整理、数据查询和数据修改等问题，同时还可以对年代久远的视频节目进行保护和恢复，这是对历史的最大保护。[1]

6. 提高农业特色数据库利用率

在物质和信息极大丰富的今天，我们需要的是观念的创新，必须借鉴市场营销的各种手段，把特色数据库推向社会，以提高利用率，实现特色数据库的价值。数据库营销是一种先进的营销模式，嫁接到农业电视版权销售方面，必然给营销带来巨大改变。根据不同的观众群体，我们可以为不同的广告客户进行精确广告传播和深度营销，使得广告商极易认准自己所需要的客户数据，一方面使广告投放精准有效，也使农业电视频道对自己的观众需求更加一目了然[2]。

通过农业电视特色数据库的建设，将农业频道最具特色、最有价值、

---

① 余明红：《运用数据库管理技术提高档案整理与保护研究》，《教育现代》2017 年第 13 期。

② 郭峰：《浅谈特色数据库建设》，《图书馆论丛》2008 年第 3 期。

最值得宣传的视频资源提供给观众，以满足网络环境下读者对于文献资源多样化和个性化的需求，这样，农业电视不仅能更好地服务社会，同时也有利于提高自身的社会影响力和竞争力。

## 第三节　信息流与物流整合发展带动农产品销售

互联网的传播经过多年发展，其传播方式和功能也出现了较大变化。第一代互联网传播，是以门户网站为代表的信息流传播，第二代互联网传播，是以阿里、京东为代表的物流网站，第三代互联网传播，是以腾讯为代表的信息流、物流、资金流的整合。传统的电视农业传播，走的是以信息流与物流分流的路线（物流，农产品的销售）。随着电视农业传播的发展，尤其是农业传播的网络化生存，必然出现农业传播信息流与农产品物流的整合。

农业传播信息流和农产品物流的完美结合才能真正提高效率，带动优质农产品的流通销售等，推动社会的进步发展。农业传播信息流畅通之后，农产品的播种、管理、收获、储藏、运输、销售等一系列流程才能信息通畅，所有环节才能有序进行。信息流依存于商品流通，又有信息涌动自身的规律，从而产生了系统性、多样性、多向性、时效性的基本特征。①

### 一、农业传播信息流对农业产品库存的影响

农业传播信息流是否通畅，对于农产品的生产销售非常重要，影响巨大。一旦不畅必将造成大量农产品库存的积压，也就是常说的"牛鞭效应"。"牛鞭效应"不仅增加了农产品供应各个环节的矛盾，而且对于上

---

① 华瑶、俞明传：《信息流对物流的影响研究》，《情报科学》2010 年第 11 期。

下游企业的合作也会产生负面影响。近年来，很多学者在想方设法研究如何弱化"牛鞭效应"。研究发现，及时进行信息沟通交流，有效实现信息共享，是其中最有效的办法之一。在传统的信息环境下，发生供应关系的双方以订单为驱动，双方均以自己的目标为主，独立采取各自的库存控制策略，[①] 有可能造成高库存的情形，非常不利于农产品企业发展。

## 二、农业传播信息流与农产品物流的整合发展

随着信息技术的快速发展，实现农产品生产销售供应链合作者之间的生产、销售、库存、需求、预测等方面的信息共享，使得农产品生产和市场信息的存储、分析、传递可以准确快速地进行，供应链管理中的信息流不再受时间、空间限制，客户、零售商、分销商、生产商、供应商避免信息逐层传递、偏差逐级放大造成的影响。[②] 因为信息流的畅通消除了供应链的盲目生产，因此，信息流动的有效性是提升供应链整体绩效的关键。[③]

农产品企业存在物流、信息流和资金流，其中物流和资金流都是紧密地围绕着信息流展开，只有在信息的指引下，物流和资金流才是有效的，才能达到供应链运作效率最优、成本最低。Stanley（1997）认为，信息的一个重要作用是对物流管理提供决策支持，有用信息的获取对于发展强有力的物流能力是不可缺少的，物流能力具有高度信息依赖性。Cachon 和 Fisher（2000）通过数理分析证明，与单独通过订单联系的传统方式相比，充分的信息交流可以使供应链整体成本平均降低 2.2%，最大可达 12.1%。牛东来认为信息流是整个信息系统结构在供应链成员之间的支

---

① 崔俊：《信息共享对供应链库存管理的价值分析》，北京交通大学硕士学位论文，2007 年。

② 何静静：《信息及信息技术对传统物流的提升和改造》，《现代经济探讨》2000 年第 9 期。

③ 伍峰：《基于价值创造的 3PL 企业 VMI 业务的实施策略研究》，华南理工大学硕士学位论文，2011 年。

柱，它协调供应链中各项计划活动，其总体目标是实现供应链的高度协调，降低操作无效率和过度存货。①

CCTV-7农业频道近年重点打造的农产品电商平台——"佳七有约"农产品电商平台于2016年初上线运营。该平台一是对优质农产品进行品牌定位、策划与推广；二是围绕优质农产品进行产业规划；三是双方电商平台展开融合（优质农产品企业可以进到CCTV-7农业频道"佳七有约"电商平台销售）；四是与第三方销售平台进行对接（借助于"佳七有约"合作的第三方优质销售平台，帮助销售优质农产品）；五是利用媒体融合优势延伸服务链条（依托CCTV-7农业频道相关栏目，采取T2O模式，直接引流到"佳七有约"电商平台，把观众变成消费者）；六是在重点消费区域进行线下推广活动（利用CCTV-7农业频道的媒体资源，在重点区域开展线下推广和销售活动）；七是进行众筹与认养（在"佳七有约"及合作平台上，发起优质农产品的众筹和认养活动，提升知名度，打造高端消费群体）。

未来电商的发展方向是线上和线下的结合，"佳七有约"有广泛的优质农产品资源、优质合作平台资源和优质消费群体，与物流密切结合后可以产生良好的经济效益和社会效益。在农业传播主平台上可以建立很多子平台，完成全媒体业务的各类项目，例如：农业影视资料集成交易子平台、农业图片资料子平台、农业科普子平台、农业网络直播子平台、农业新闻子平台、农产品交易子平台等等。这些子平台的开发和利用，对农业传播在互联网背景下实现全媒体传播形成强有力的依托。

这些平台以用户为中心，全面打造垂直服务平台，从长远规划，进行农业产业布局，构建以农业实用内容为基础的产品矩阵和多屏传播为常态的现代化传播矩阵，努力构造广告+版权+电商+资本为依托的产业矩阵，

---

① 吴剑波：《基于第三方物流的VMI模式下信息流与物流集成研究》，华中科技大学博士学位论文，2010年。

打造一个具有强大竞争优势、传播实力和经济实力的中国第一传播平台，建立真正的全媒体业务流程。

按照这种构思和设计可以深度开发优质农业内容资源，强化产业链经营，基本实现农业传播的融媒体平台和用户的融合。充分发挥传统媒体的权威性和公信力优势，充分接触用户，获得用户依赖和信赖。利用大数据、云计算等技术充分收集用户数据，分析用户行为，提供个性化服务，实现用户深耕。最终实现农业传播依托互联网技术建成具有相当知名度、美誉度和影响力媒体平台，让农业传播立体化平台利农、为农、惠农，从而成为具有强烈社会责任、承担农业传播历史使命、普及农业科普知识，传递最新农业政策和关注民生的传播者，成为助推"三农"事业发展的利器。

# 本章小结

在互联网和数字化背景下，农业传播应该加强全媒体的发展，其中最重要的是把农村网络化工程与全媒体发展结合起来，加强农业科技数据库和农产品品牌数据库、用户数据库等的建立，尤其是完成农业传播信息流与农产品物流的整合。既要完成农业传播本身承担的信息传递的功能，同时又要完善农村网络化工程建设，以此来拉动农产品品牌的建构和促进农产品的销售，从而使农业传播的信息流建设与农产品物流建设完美结合。

# 第八章　开创农业传播新渠道，建立农业科普体验中心

在当前媒体环境下，一定要居安思危，以媒体融合作为创新发展的突破口，积极主动谋求转型，农业传播节目供给侧改革。在传统媒体向新型媒体、融合媒体全面转型的重要阶段，农业传播单位就应该确定数字化发展途径和方向，紧随时代步伐、摸索改革之路的大胆之举，努力开创农业传播新渠道，为同类行业提供更多参考和经验。

## 第一节　建设农业传播科普体验推广中心的时代需求

为落实习近平总书记提出的"创新、协调、绿色、开放、共享"的五大发展理念，践行国家"科教兴国"战略，可以依托农业频道现有资源，建立农业传播科普体验推广中心。通过整合、挖掘和开发CCTV-7农业节目现有农业文明珍贵资源，搭建面向全国的技术平台，推广农业知识，保存并传承中国农业文化。以职业农民和青少年为服务主体，依靠互联网、大数据、云计算等信息技术，对农业影视中心音视频资源进行创新性、数字化的加工提升，并融合VR（虚拟现实）、AR（增强现实）等现代科技手段，建立集职业农民教育培训、互动交流与学习、科技成果推介、技术推广与产业发展对接等服务功能为一体的科技信息服务平台，通

过融媒体线上线下相结合的推广方式，建设线上平台和线下科普体验推广中心两种运营模式，在全国范围内广泛推广应用。该项目创新科普培训手段、培训方式，搭建全新科普培训平台，提升全民学科学、用科学的范围和水平。

用数据化的新型科技平台开创农业传播新方式，对原有珍贵资料进行梳理，是农业发展的需求。目前在各级农业传播电台、电视台保存的大量资料见证了我国农业的成长与发展，对于我国农业科学教育有着深远影响和重大意义。基于拍摄技术和保存条件的限制，很多珍贵资料仍处于胶片等保存状态，随时存在散失、断裂的危险，通过现代技术对其进行整理、加工、保存、挖掘和利用刻不容缓。

在新媒体时代，用数据化的新型科技平台进行社会服务是国民科学知识普及和素质教育的重要内容。网络时代，广大青少年科普活动的趣味性、参与性更高，对活动的内容、形式也存在着更新、更深、更广和更加多样化的要求，传统的以学校教育为主的模式已很难满足这种广泛性的需求，国家和社会各个层面对这个问题都不容忽视。以科学性、趣味性为准则，通过体验形式的创新，在线下科普体验推广场馆利用 VR 互动技术，开展融合农业知识的科普主题活动，将更加生动有趣的农业科技知识传授给青少年，将创新并引领青少年农业科技培训形式，更好地传播农业科学知识，全面提升青少年科学素质。

充分利用云计算、数据挖掘、语义网、移动通信等现代信息技术，凝聚电视农业节目的科技资源、教育资源和信息资源，开发建设集职业农民管理、教育培训、科普宣传、公共服务为一体的网络平台和科普体验中心，为处于底层的农村人群提供职业培训机会，推动科教兴农、人才强农和新型职业农民固农，打造现代化农业，提升农业生产力。

我国全民科学素质整体偏低，已成为制约我国社会经济发展的瓶颈之一，国务院办公厅 2016 年印发的《全民科学素质行动计划纲要实施方案（2016—2020 年）》（以下简称《方案》），对"十三五"期间我国公民科学素质实现跨越提升作出总体部署。《方案》提出，到 2020 年我国全民科学素质工作的目标是：科技教育、传播与普及长足发展，建成适应创新型国家建设需求的现代公民科学素质组织实施、基础设施、条件保障、监测评估等体系，公民科学素质建设的公共服务能力显著增强，公民具备科学素质的比例由 2015 年的 6.2% 提升到 10% 以上。科技文化素质是农民诸多素质中的焦点和核心，但从整体来看，我国农民整体科技文化素质不高已成为制约我国新农村建设的"瓶颈"。

随着人们的生活节奏加快，互联网技术发展壮大，人们的消费越来越依赖于信息，以信息消费为核心的综合服务逐渐成为消费主流。然而，互联网虽能提供海量信息，但选择成本较高。当搜索引擎、导航等工具不能满足人们日益增长的对效率的追求，专业网络信息服务平台作为一种新型媒体，大大降低选择时间成本。从世界范围看，像路透和布隆伯格等信息供应商，正通过数据库服务提供各类行情、财经信息以及其他方面的信息，左右着世界范围内政治经济生活的运作。以路透为例，它在全球拥有约 42.7 万公司客户和 5.29 万个人客户；年营业额 110 亿到 150 亿英镑，大约相当于中国 GDP 的十分之一。由此可见，在线的、实时更新的、专业信息服务平台，已成长为一种新型的、影响力巨大的传媒形态。有专家预测，专业数字信息服务平台成为新型的传媒形态。

## 第二节　建设农业传播科普体验推广中心设想

以"互联网+"形式成立农业传播科普体验推广中心，是为更好地适应时代和社会需求，充分发挥农业影视节目的全媒体生产、传播、发布、互补以及丰富的资源优势，用大数据服务来进一步提高服务"三农"、沟通城乡的传播覆盖质量、舆论宣传效果，更好地宣传党的方针政策，坚持正确的舆论导向，创造更大的社会效益，推动精准扶贫和全面建成小康社会。

农业传播科普体验推广中心可以是线上、线下双线运营模式。

## 一、线上平台

以央视农业节目多年来积累的电影、电视节目内容资源为基础，搭建面向全国的基于多种阅读介质的免费阅读平台，建设央视农业节目数字出版内容的制作、视频资源的加工、内容资源的管理及内容应用四个技术平台，涵盖了CCTV-7农业节目成立以来播出和制作的农业科技类、农业致富类、农业信息类、农业法制类和乡土人情类等科普节目和电影。

## 二、线下科普体验推广中心

主要分为以下三部分：

一是VR虚拟现实体验。结合农业文化相关的体验内容，用计算机技术为核心的现代高科技手段生成一种虚拟环境，体验者借助特殊的输入/输出设备，与虚拟世界中的农民、农村、农业、动植物等进行自然的交互，从而通过视觉、听觉和触觉等获得与真实世界相同的感受。让人们身临其境地感受不同时期、不同内容的农业科学。

二是AR增强现实。同样为身临其境的互动体验。增强现实通过电脑技术，将虚拟的信息应用到真实世界，真实的环境和虚拟的物体实时地叠加到了同一个画面或空间同时存在。实现体验者与虚拟世界在同一个画面里互动。

三是动感立体影院。体验者通过动感立体影院，体验田园风光，感受乡村之美。

# 第三节 农业传播科普体验推广中心建设步骤

## 一、整合农民学习知识库

针对生产经营型、专业技能型、社会服务型职业农民的需求，遴选与开发音视频数据库等资源。按专业类别分为种植类、畜禽养殖类、农业工程类、观光休闲类和法制类等门类，针对不同类型农民的需求提供有针对性服务。建设期间整合视频课件不少于 3000 部；整合专题数据库不少于100 个，根据农民特殊需要开发数据库 2 个，为农民培育及开展创新、创业服务提供资源基础。

以 CCTV-7 农业频道音视频数据库为基础，通过互联网向用户提供有偿的行业专业信息。为客户提供多用户在线连接平台，专业的实时更新服务，加上强大的管理和搜索技术，能够便捷有效地为客户提供全面、精确的全媒体碎片化资讯。主要有以下特点：

（1）专业性：根据农村的特定需求，通过整合加工，提供专业的农业类信息。

（2）精细化：对海量视频信息进行数字加工，可降低用户的时间成本。

（3）一站式：整合农业相关领域的数据信息，使农民等用户享受更方便快捷的服务。

（4）工具化：以 Web 页或客户端工具形式提供服务，应用更方便。

（5）个性化：数据库可根据目标用户需求进行设计，产品更有针对性。

## 二、研发系统平台

（1）数字出版内容制作平台：包含视频内容的采集和编审及版式制作两部分，对农业科技视频内容进行标引和分类管理。

（2）资源加工平台：对目前现有的音视频等资源进行采集、加工，资源包括历史资源及目前在出版的资源。历史视频资源的加工，包括视频资源的格式转换，标注标引等深度加工，形成碎片化的数字内容，并在资源管理平台中分类进行管理，在应用发布环节，才能根据用户的需求，提供个性化的数据服务。

表8-1　学习知识库种类与数量初步统计表

| 大类 | 小类 | 数量（种） | 大类 | 小类 | 数量（种） |
|---|---|---|---|---|---|
| 新农民知识库—社科类（261种） | 新农村建设 | 21 | 新农民知识库—教育类（65种） | 教学管理 | 6 |
| | 党的理论研究 | 9 | 新农民知识库—科技类（645种） | 粮食作物 | 39 |
| | 党的组织建设 | 18 | | 经济作物 | 70 |
| | 民主团结 | 22 | | 蔬菜种植 | 66 |
| | 涉农企业 | 37 | | 食用菌栽培 | 17 |
| | 政策法规 | 38 | | 果树种植 | 92 |
| | 社会生活 | 6 | | 花卉栽培 | 61 |
| | 百姓焦点 | 11 | | 畜类养殖 | 35 |
| | 旅游文化 | 10 | | 禽类养殖 | 22 |
| | 体育健身 | 18 | | 经济动物 | 14 |
| | 烹饪技术 | 12 | | 林业与草场 | 17 |
| | 家居美化 | 5 | | 水产渔业 | 70 |
| | 道德文化 | 26 | | 农副产品加工 | 43 |
| | 民风民俗 | 15 | | 农村能源与环境 | 6 |
| | 名人风采 | 9 | | 农业机械 | 12 |
| | 宗教文化 | 4 | | 农田水利基本建设 | 6 |
| 新农民知识库—文艺类（28种） | 文学艺术 | 24 | | 农业生产资料 | 15 |
| | 工艺美术 | 4 | | 现代农业 | 12 |
| 新农民知识库—教育类（65种） | 学前教育 | 8 | | 科普生活 | 24 |
| | 义务教育 | 16 | | 劳动卫生 | 7 |
| | 高中教育 | 35 | | 家庭保健 | 17 |

（3）视频资源管理平台：将采集加工后的视频资源采集入库，实现对农影中心音视频资源的存储管理。

（4）多渠道发布服务平台：将视频资源管理平台的数据通过网络出

版、移动出版、按需出版等多渠道、多产品形态的方式，为用户提供数字内容服务。

### 三、构建集视频资源管理、学习交流、技术对接、专家咨询、知识获取等服务为一体的职业农民创新创业综合服务平台

成立为全国农民提供管理、培训、综合信息服务的门户网站。为政府部门科学管理职业农民队伍提供有效工具；为生产经营型、专业技能型、社会服务型职业农民利用信息化手段学习农业科技，了解政策和市场信息，提升职业农民的技术水平、综合经营能力提供资源与平台；为科研院所和高校提供成果展示与技术推广的平台，促进科技成果的转化。同时计划在中心建设期间，前往京津冀地区的示范点开展形式多样的推广宣传活动，使平台用得上、用得好，使京津冀地区农民综合素质得到显著提高。

### 四、农业传播科普体验推广中心（线下）主要塑造科普+培训两大功能

（1）将CCTV-7农业频道线上大量资源在线下立体呈现。科普体验推广中心面向青少年及农业爱好者提供农业科普平台，集虚拟现实（VR）、增强现实（AR）等前沿技术手段于一体，将人们无法看到的、无法体验到的场景变为"现实"，让无法真正走到农村现场的人在"第一现场"亲密接触农村、农民、农业，在学习了解农业知识的同时，了解农业文化，助推农业与文化、与现代科技融合。以中国农业变迁、现状、未来等多个角度立体展示中国农业文化精髓，并与时俱进，面向当代广大社会群体普及、宣传中国农业文化的发展，给体验者带来身临其境的"真实"体验。同时面向接受职业培训的受众，提供系统的、深入农作物或作业机器"体内"的专业认知和操作知识，提高认识层次和科技水平。

（2）农业传播科普体验推广中心（线下）展示方案：

A. VR 场景体验

VR 设备：

双 OLED 显示屏

单眼 1200×1080 分辨率

双眼 2160×1200 分辨率

90Hz 刷新率

参考配置（Rift）

英特尔 i5-4590 处理器

最少 8GB 内存

Nvidia GTX 970 或 AMD 290 显卡

Windows 7 SP1

B. 应用场景

第一，学生科普，配套相应内容，如设置智能化的农场作业情景，让体验者体验"播种、春耕、秋收"等乐趣，了解农业生产过程，了解农业知识，了解农耕文化。

第二，培训，在虚拟现实中将农业现代化作业及农业生产、机械维修等全过程"真实展现"，体验中不仅可以很好地了解全过程，更能"深入"机器内部的每一个区域，做到"无所不知"，全面提升专业技能。

C. AR 增强现实体验

体验者能够与农耕者、动物、植物等进入同一个虚拟的"真实"画面，身在其中，参与互动。

相应配置：显示屏、红外感应套件、控制服务器、AR 场景生成系统、主题背景场景。

D. 立体 3D 动感视频展现

体验者通过动感立体影院，以飞跃的形式领略田园风光，随着时空的变化，体验田野一年四季的美景。

## 第四节　农业传播科普体验推广中心社会效益

第一，推动"三农"发展，新理念破解新难题。农业传播科普体验推广中心，通过提供优质的数据服务，快速、高质量地满足农户需求，推动农业高新技术推广普及，为农业和农民服务促进农业增产和农民收入增加，加快社会主义大农业的发展步伐。

第二，构建农民精神文化生活，让人民享有健康丰富的精神文化生活。农业传播科普体验推广中心可以促进良好、安定的农村精神文明建设，新农村大环境和谐发展，利于农村经济持续稳步增长。农业传播科普体验推广中心深入农村基层，契合农村发展的科学规律，能精准把握农村大众所喜闻乐见的精神文化活动。

第三，加快培养新型职业农民，推进全面建成小康社会。农业传播科普体验推广中心通过 VR、音像、图书教育和科研为社会所创造的价值，具体在为社会输送新型职业农民、提高农民科普素质、促进农业人才的培养、提高农业科学管理水平、推进农村经济转型、推动社会发展等方面起了正向作用。

利用央视农业节目的科技资源、教育资源和信息资源，针对市场上农业型就业人员，进行远程教育培训，突破传统培训时间空间的限制，提供便捷、高效的培训方式，使农业型就业人员可足不出户、随时随地地自主学习，对知识老化、技能退化、水平弱化的职业农民及时进行"补训"，适时"充电"，提高专业的综合素质，满足农民对职业技能的多样化需求，以信息化促进职业农民队伍的建设。同时，该平台的研发与应用可为农民创新创业提供全方位的信息服务，提升新型职业农民创新创业能力；可为职业农民的学习交流提供丰富的资源和平台。

该平台的建设和应用减少农户维护费用的支出，减轻了农民学习培训的经济负担，并可有效减少举办大规模新型职业农民培训班次数，实现了培训的低成本、高效益。

平台中众多新技术、新成果的推介，加快了科技成果转化，开阔了农民的眼界与思路，降低了新型职业农民创业风险和成本。农业高级技术远程教育，促进职业农民的自主创业。

第四，加强对青少年的农业科普教育。农业传播科普体验推广中心VR体验可以提升青少年对民族文化、对民族传统农耕发展史的归属感、认同感、自豪感。

第五，精准扶贫，积极配合少数民族扶贫开发工作。习近平总书记在河北阜平县考察扶贫开发工作时指出"实事求是，因地制宜，分类指导，精准扶贫"的新时期扶贫工作指导方针；农业传播科普体验推广中心的落地，可以向少数民族提供少数民族语言的科普作品。

## 第五节　农业传播科普体验推广中心成果推广

中心可以通过持续不断地运营，积累用户，形成用户规模才能产生较大的社会影响和经济价值，因此，平台运营的成败决定了建设投入的有效性。

鉴于新型职业农民培育尚属政府支持的公益事业，因此前期应以公益性推广为主，当用户积累到一定规模，依托 CCTV-7 农业频道已有的市场网络，进行商业性推广。本项目针对地方政府、家庭农场主（种养大户）、合作社带头人、专业技能型新型职业农民、各类农业社会化服务人员、农业后继者等为重点应用对象，先在京津冀地区进行试点，利用项目与农业主管部门的支持带来影响力，进而树立典型，在全国进行推广。在完善资源加工与专家团队建设的同时，在全国范围内以县为单位开展平台订制工作，覆盖该县区专业大户、家庭农场、合作社、龙头企业、社会化服务组织等五大类人群，同时根据当地特色产业、技术、品种对平台进行个性化配置，进而建立起农业主管部门直接面向广大农村及时快速的网络信息服务通道，因地制宜提供农民创新创业信息个性化服务，满足不同区域、不同生产结构农村不同产业农民的个性需求。

以农民的实际需求为中心，进行系统开发，农业科研成果展示等功能，建立资源库为职业农民创新创业提供综合性、社会化服务。

（1）建立信息资源库。尽快建立 VR 影片内容制作、AR 场景及内容制作，汇集科技信息资源。整合与制作大量视频课件和专题数据库，根据职业农民特殊需要开发农民专用数据库。

（2）加大推广力度。平台建成后，尽快扩大平台的宣传和推广，应该争取京津冀三地的农业主管单位政策支持，引入农业科研院校、农业专家、有突出贡献的新型职业农民加入这个平台，以北京为中心，在京津冀地区选择多个区县进行宣传推广，重点扶持北京 2—3 个区县，河北省和天津市 3—4 个区县。

（3）逐步完善平台。在平台使用过程中，要进一步完善产品功能，完成视频资源数字化，购置相关设备，保证平台稳定运行。提供学习知识库供新型职业农民使用，引入农业专家提供语音咨询、在线答疑、视频诊断等各种方式为职业农民创新创业服务。积极推介农业成果，吸引职业农民、大户、家庭农场、合作社、基地等到平台注册会员。平台使用过程中，收集使用意见、改进需求，提出并逐步完善升级平台方案。

农业传播科普体验推广中心的建设与应用，以满足农民实际需求为出发点和落脚点，通过 CCTV-7 农业节目资源的整合优化的创新，为广大职业农民提供了丰富的、系统的、具有针对性的教育培训服务，充分调动了农民学习的积极性，培养了新型职业农民的终身学习能力、实践能力和创新能力，提高了农民生产技术水平、经营管理能力。项目的实施提高了政府部门的公共服务水平，提升了新型职业农民综合素质，推进了新型职业农民人才队伍建设，培育了职业农民适应新时期农业经济发展方式转变和产业机构调整的能力。同时，线下的科普体验推广中心可以作为科普基地，对加强青少年的农业科普教育有积极的作用。因此建设的实施具有显著的社会效益和经济效益。

# 第九章　农业传播研究结论

## 第一节　研究的主要结论

本书研究认为，CCTV-7农业传播节目内容专业性定位基本准确，"农业、农村、农民"等选题是农业传播内容选题热点；农业节目内容在时间与类型上的配比与受众调查中的受众选择大致吻合，但在内容质量上仍然出现了供求矛盾，观众满意度高的节目较少；农业信息质量供求矛盾、内容普遍忽视地区差异性、节目内容与形式同质化严重，内容平台急需扩充资源。农业节目形式，整体上类同且形式较为传统，表现形式创新不足；农业传播内容改进急需资金、人力等投入，而承载平台的时间限制、资金紧缺等局限性严重桎梏了农业传播内容的发展。因此CCTV-7农业传播需要充分的平台资源保障、完善的政策支持，是真正做好农业传播的前提和保证。

在受众满意度与受众需求方面，农村人口的话语权持续性缺失，基本处于"失语"状态，媒体不自觉地把农村人口视为边缘性群体或少数群体，忽视了媒体自身应该承担的社会责任。虽然目前传统媒体的接触程度在减弱，互联网普及率与使用率都在升高，电视仍是第一主流媒体，收看电视依然是农村人口主要的娱乐方式与信息获取来源之一。

从收视状况总体来看，目前CCTV-7在农村地区普及程度较高，在农村受众中树立了一定的权威性，是受众获取相关信息的主要渠道。节目的收视频次并不太高，从一定层面这也说明了受众的需求并没有在现有的节目设置上得到很好的满足。CCTV-7 作为当前中国最大的农业传播平台，"政策"、"致富"、"科技"、"民生"等是农民最为关心的信息类型。农业政策、农业科技、民生问题应该是农业传播的核心内容

在频道运营上，CCTV-7 农业频道在节目制作上不断加大投入，大多数节目内容采访地点地区偏远、交通不便，采访录制周期较长，这直接导致了制作成本的上升。在传播运营的投入上，主要是工作人员工资福利与深入农村地区开展地区惠农活动方面，另一传播成本主要是支付线下活动资金。

在收入构成上，2014—2016 年广告总收入呈上升趋势。除广告收入以外政府也给予一定的财政拨款扶持，约增长 7%。频道的其他收入来源主要为演播室及银海大厦物业租赁收入、音像出版社上缴管理费收入、电影收入、利息及其他零星收入。农业频道农业传播主体收入高度依赖广告，政府扶持力度很小，运营方面农业传播的公益性不断在淡化而商业性在加强。农业传播必须进入公共传播体系，才能更行之有效地实现其价值最大化。

因此本书提出，我国应该尽快建构农业公共传播体系，建立公共传播制度，把农业传播频道作为公益频道运行。农业传播的三个核心内容支点应该是农业政策的解读和传播、农业科技的推广和普及以及农村民生新闻的关注和报道。同时在互联网和数字化技术背景下，农业传播应该加强全媒体的发展，最重要的是把农村网络化工程与全媒体发展结合起来，加强农业科技数据库和农产品品牌数据库、用户数据库等的建立，尤其是完成农业传播信息流与农产品物流的整合。既要完成农业传播本身承担的信息传递的功能，同时又要完善农村网络化工程建设，以此来拉动农产品品牌的建构和促进优质农产品的销售，从而使农业传播的信息流与农产品物流完美结合。

## 第二节　研究的不足

第一，由于农业传播受众群体大都处于农村基层，尤其是老边少穷地区更多，交通不便，调查数据采集得不够多，样本有一定局限性，从而带来的调查信息的丰富性、多元性也有一定的局限性，没有在更广泛范围进行调查研究，获取更多一手数据，进行更多实证性研究。

第二，现代传播媒介的发展，电视已经不是唯一的传播渠道，本书研究的时效性稍有欠缺，如果提前几年进行研究，学术价值更大。

第三，数据分析有点简单，论文对问卷调查的统计与描述再丰富一些，可以结合人口统计学数据以及收视数据进行交叉分析，以后研究这方面有待于加强。

## 第三节　未来研究的构想

首先，会持续跟踪电视农业传播的问题。在公共传播理论视域下进行农业电视传播的研究，是传媒界研究新方向。农业电视传播发展仍然面临严峻挑战，一个课题的研究显然不够。综合本研究可以看出，未来农业传播要解决好本书所述的诸多问题还有很长的路要走。现在的媒体只能估算收视率，很难平衡收视率、媒体责任和价值观。这是下一步电视台尤其是农业公益传播媒体要努力的方向。强化媒体的责任意识，实现收视率与社会责任的平衡。电视节目不能仅仅满足大众的娱乐心理，必须正视各种现实的追求、价值的导向、观众的需求等等。同时本书研究的是我国最基础的产业、最广大的受众群和最稀缺的传媒资源。我们有责任和义务去关注、思考、规划中国广播电视界的这项空白，为未来广播电视事业政策的制定，为未来农业传播资源的建设、为未来农业传播媒体的运行奠定基础、摸索途径。以后会持续跟踪电视农业传播的问题，希望能通过有效的路径，促进问题的解决。

其次，要加强互联网传播背景下电视农业传播的未来发展研究。农业传播作为传播的一个有机组成部分，在互联网背景下，农业传播未来的发展一定是适应互联网、适应新媒体发展要求，根据最新的技术发展和时代发展要求，加强对农业传播的全方位深入研究，使得"三农"信息的传播、"三农"政策的解读传送，"三农"民生新闻的关注和报道以及"三农"全面业态的推送和传递能够更加承载好历史使命，有力助推我国经济快速健康发展。

最后，继续关注研究如何发挥农业频道国家资源平台优势。CCTV-7农业频道作为全国唯一一家国家级农业传播平台，这个资源优势是我们国家其他任何省市级农业传播平台所不可比拟的，优势是显而易见的，以后会继续关注研究作为国家平台在农业传播创新改革方面，应该如何充分发挥国家资源平台的优势，更好发挥农业传播的作用。

# 参考文献

## 一、中文著作类

［1］［美］阿尔文·托夫勒：《未来的冲击》，蔡伸章译，中信出版社 2006 年版。

［2］［美］埃弗里特·M. 罗吉斯、拉伯尔·J. 伯德格：《乡村社会变迁》，王晓毅、王地宁译，浙江人民出版社 1988 年版。

［3］［法］布尔迪厄：《关于电视》，许钧译，辽宁教育出版社 2000 年版。

［4］常昌富、李依倩：《大众传播学：影响研究范式》，中国社会科学出版社 2000 年版。

［5］陈俱生主编：《现代汉语辞海》，山西教育出版社 2002 年版。

［6］陈宗胜等：《中国经济体制市场化进程研究》，上海人民出版社 1999 年版。

［7］［英］戴维·莫利：《电视、受众与义化研究》，史安斌译，新华出版社 2003 年版。

［8］［英］大卫·麦克奎恩：《理解电视：电视节目类型的概念与变迁》，苗棣等译，华夏出版社 2003 年版。

［9］［英］丹尼斯·麦奎尔：《麦奎尔大众传播理论》（第五版），崔保国、李琨译，清华大学出版社 2010 年版。

［10］［德］马克斯·韦伯：《新教伦理与资本主义精神》，于晓、陈维纲等译，陕西师范大学出版社 2006 年版。

［11］［加］马歇尔·麦克卢汉：《理解媒介：论人的延伸》，何道宽译，商务印书馆 2000 年版。

［12］［美］麦克·布洛维：《公共社会学》，沈原译，社会科学文献出版社 2007 年版。

［13］［英］尼古拉斯·阿伯克龙比：《电视与社会》，张永喜、鲍贵、陈光明译，南京大学出版社 2001 年版。

［14］［加］理查德·沃泽尔：《未来 20 年的生活——进入二十一世纪的通行证》，高卓、张葆华译，新华出版社 1999 年版。

［15］［法］皮埃尔·卡蓝默：《破碎的民主》，高凌瀚译，生活·读书·新知三联书店 2005 年版。

［16］［美］威尔伯·施拉姆、威廉·波特：《传播学概论》（第 2 版），陈亮、李启、周立方译，新华出版社 1984 年版。

［17］［加］文森特·莫斯可：《传播政治经济学》，胡正荣等译，华夏出版社 2000 年版。

［18］［美］沃纳·赛佛林、小詹姆斯·坦卡德：《传播理论：起源、方法与应用》，郭镇之、孟颖等译，华夏出版社 2000 年版。

［19］［美］约翰·V. 帕夫利克：《新闻业与新媒介》，张军芳译，新华出版社 2005 年版。

［20］曾一春：《中国农业广播电视教育体系发展研究》，中国农业出版社 2003 年版。

［21］程贵铭：《农村社会学》，中国农业大学出版社 1998 年版。

［22］戴俊潭：《电视文化与农民意识变迁》，山东人民出版社 2012 年版。

［23］范宗钗：《阡陌的述说》，中国广播电视出版社 2008 年版。

［24］方晓红：《大众传媒与农村》，中华书局 2002 年版。

［25］费孝通：《乡土中国　生育制度》，北京大学出版社 1998 年版。

［26］傅玉祥、范宗钗：《对农电视的困境与突围》，中国广播电视出版社 2011 年版。

［27］高启杰：《农业推广学》，中国农业大学出版社 2003 年版。

［28］顾晓燕：《公共话语空间构建中电视传播与网络舆论互动研究》，上海交通大学出版社 2015 年版。

［29］郭庆光：《传播学教程》，中国人民大学出版社 2011 年版。

［30］［德］哈贝马斯：《公共领域的结构转型》，曹卫东等译，学林出版社 1999 年版。

［31］纪爱真：《中国“三农”问题发展方向研究》，中国社会科学出版社 2015 年版。

［32］蒋建科：《农业新闻学——理论与实践的探索》，中国农业出版社 2003 年版。

［33］张国良主编：《电视创意产业》，上海东方出版中心 2009 年版。

［34］李红艳：《乡村传播学》，北京大学出版社 2010 年版。

［35］李红艳：《乡村传播与城乡一体化》，社会科学文献出版社 2009 年版。

［36］李良荣：《新传播形态下的中国受众》，复旦大学出版社 2013 年版。

［37］李升科：《良知：传播电视与三农关系研究》，中国传媒大学出版社 2012 年版。

［38］刘继忠、牛新权、刘玉花：《农业新闻传播》，中国传媒大学出版社 2006

年版。

　　［39］刘江贤：《农业电视节目策划 36 计——CCTV-7〈每日农经〉实战解析》，中国传媒大学出版社 2007 年版。

　　［40］刘燕南：《电视传播研究方法》，北京师范大学出版社 2003 年版。

　　［41］马梅：《中国农业电视传播发展研究》，中国电影出版社 2010 年版。

　　［42］［美］麦克切斯尼：《富媒体　穷民主——不确定时代的传播政治》，谢岳译，新华出版社 2004 年版。

　　［43］蒙小燕、张剑鸣、张文政：《"三农"问题如何解决》，甘肃文化出版社 2015 年版。

　　［44］闵阳：《新媒体环境下西部农村信息传播有效性研究》，武汉大学出版社 2014 年版。

　　［45］石义彬：《单向度　超真实　内爆——批判视野中的当代西方传播思想研究》，武汉大学出版社 2003 年版。

　　［46］水延凯等编著：《社会调查教程》（第三版），中国人民大学出版社 2003 年版。

　　［47］谭英：《中国乡村传播实证研究》，社会科学文献出版社 2007 年版。

　　［48］［英］汤普森：《意识形态与现代文化》，高铦译，译林出版社 2005 年版。

　　［49］童兵：《理论新闻传播学导论》，中国人民大学出版社 2000 年版。

　　［50］王丹霞：《农业广告传播》，中国传媒大学出版社 2006 年版。

　　［51］王长潇：《当代中国电视文化传播论纲》，山东人民出版社 2005 年版。

　　［52］汪晖、陈燕谷：《文化与公共性》，生活·读书·新知三联书店 1998 年版。

　　［53］吴新叶：《转型农村的政治空间研究》，中央编译出版社 2008 年版。

　　［54］［美］施拉姆：《大众传播媒介与社会发展》，金燕宁、蒋千红、朱剑红译，华夏出版社 1990 年版。

　　［55］项仲平等：《广播电视节目传播策略研究——对农传播新视角》，清华大学出版社 2011 年版。

　　［56］许静编：《传播学概论》，清华大学出版社、北京交通大学出版社 2007 年版。

　　［57］谢咏才、李红艳：《中国乡村传播学》，知识产权出版社 2005 年版。

　　［58］薛毅：《乡土中国与文化研究》，上海书店出版社 2008 年版。

　　［59］杨乘虎等：《中国电视公共文化服务发展创新研究》，中国传媒大学出版社 2014 年版。

　　［60］杨仁忠：《公共领域论》，人民出版社 2009 年版。

　　［61］杨轶婕、杜娟：《三农问题：从历史、现状到未来》，上海科学技术文献出版社 2016 年版。

　　［62］于霞著：《我国农业发展"黄金十年"的"三农"政策研究（2002—2012

年）》，吉林文史出版社 2017 年版。

　　［63］张国良：《新闻媒介与社会》，上海人民出版社 2001 年版。

　　［64］张闻兵、黄辉：《电视与三农——对农电视节目发展与实效研究》，中国国际广播出版社 2011 年版。

　　［65］赵晓春：《农业传播学》，北京广播学院出版社 2005 年版。

　　［66］郑欣等：《对农传播：基于受众的实证分析与对策探讨》，浙江大学出版社 2011 年版。

　　［67］周庆山：《传播学概论》，北京大学出版社 2004 年版。

　　［68］朱新民、齐连印：《农学概论》，中国科学技术大学出版社 1991 年版。

　　［69］庄小琴：《农业政策学》，气象出版社 2000 年版。


## 二、论文类（期刊论文、论文集、学位论文、报纸）

　　［1］边巍：《欧美媒介公共性表达比较》，《中国出版》2014 年第 17 期。

　　［2］常君丽、高君：《习近平"三农"战略思想形成与发展的内在逻辑》，《中共山西省委党校学报》2016 年第 1 期。

　　［3］陈立生：《民生新闻的界定与实践》，《新闻爱好者》2005 年第 9 期。

　　［4］陈伟：《涉农经济生活服务类电视节目之叙事研究——以 CCTV-7〈致富经〉、〈每日农经〉栏目为例》，北京大学 2013 年。

　　［5］陈卫星：《关于中国传播学问题的本体性反思》，《现代传播》（中国传媒大学学报）2011 年第 2 期。

　　［6］陈信凌、刘西平：《探析国内电视公共频道概念的模糊性》，《新闻大学》2015 年第 1 期。

　　［7］陈亚栋：《"农"字电视节目如何赢得受众》，《新闻通讯》2001 年第 9 期。

　　［8］陈燕：《我国广播电视对农传播的媒介赋权与价值考量》，《编辑之友》2015 年第 11 期。

　　［9］崔俊：《信息共享对供应链库存管理的价值分析》，北京交通大学硕士学位论文，2007 年。

　　［10］戴烽、邱新有：《电视传媒农民政治生活影响的双重性分析》，《江西社会科学》2004 年第 12 期。

　　［11］戴文涛：《现代管理科学》，《现代管理编辑部》2014 年第 9 期。

　　［12］邓力：《传媒研究中的公共性概念辨析》，《国际新闻界》2011 年第 9 期。

　　［13］方晓红、薛涛：《电视媒介如何推进解决"三农问题"》，《传媒观察》2006 年第 11 期。

　　［14］方延明：《媒介公共性问题研究三题》，《扬州大学学报》（人文社会科学版）2004 年第 6 期。

　　［15］冯建华：《公共传播的意涵及语用指向》，《新闻与传播研究》2017 年第

4 期。

［16］高广元：《农业电视传播内容分析》，《青年记者》2014 年第 11 期。

［17］高广元：《农业电视受众现状分析》，《青年记者》2016 年第 32 期。

［18］龚伟亮：《传播学的双重公共性问题与公共传播学的"诞生"》，《新闻界》2013 年第 9 期。

［19］管中祥：《传播权力、弱势发声与市民社会之形成》，中国新闻研究中心网站，2002 年 8 月 21 日。

［20］郭峰：《浅谈特色数据库建设》，《图书馆论丛》2008 年第 3 期。

［21］郭上：《我国 PPP 模式物有所值评价研究》，财政部财政科学研究所硕士学位论文，2015 年。

［22］何慧丽、王辉：《从东方理性复兴的角度看习近平三农战略思想》，《马克思主义与现实》2015 年第 1 期。

［23］何静静：《信息及信息技术对传统物流的提升和改造》，《现代经济探讨》2000 年第 9 期。

［24］何晟敏：《从央视〈每日农经〉看农业栏目发展新思路》，《东南传播》2007 年第 3 期。

［25］胡百精、李由君：《互联网与对话伦理》，《当代传播》2015 年第 5 期。

［26］胡百精、杨奕：《公共传播研究的基本问题与传播学范式创新》，《国际新闻界》2016 年第 3 期。

［27］胡百精：《对话与改革：美国进步主义运动时期的公共传播与社会认同》，《中国人民大学学报》2012 年第 6 期。

［28］胡正荣、李继东：《我国媒介规制变迁的制度困境及其意识形态根源》，《新闻大学》2005 年第 1 期。

［29］花晖：《论农业科教片的互动性创作——以 CCTV-7 部分节目为例》，《电视研究》2015 年第 1 期。

［30］华瑶、俞明传：《信息流对物流的影响研究》，《情报科学》2010 年第 11 期。

［31］黄建远：《报业数字化转型中的内容数据库开发研究》，《现代传播》（中国传媒大学学报）2013 年第 3 期。

［32］黄霞：《CCTV-7 农业节目的沟通"三态"》，《中国电视》2011 年第 10 期。

［33］孔德明：《农民的收视特征与电视媒体的自我调适》，《新闻战线》2003 年第 12 期。

［34］郎劲松、樊攀：《政府认同差异化：对农政策传播的新困境——基于湖北省 S 市实地调研的研究》，《现代传播》（中国传媒大学学报）2016 年第 11 期。

［35］李红艳：《新农村、新媒体与农民日常生活的变迁》，《新闻界》2008 年第

1 期。

[36] 李良荣、张华：《参与社会治理：传媒公共性的实践逻辑》，《现代传播》2014 年第 4 期。

[37] 李明：《习近平"三农"战略思想论纲》，《科学社会主义》2017 年第 3 期。

[38] 李卫华：《新媒体发展与农村社会的新陈代谢》，《河南大学学报》（社会科学版）2011 年第 5 期。

[39] 李艳红：《弱势社群的公共表达——当代中国大陆城市报纸与农民工》，香港中文大学博士学位论文，2004 年。

[40] 李艳红：《论商业化潮流中逆行的美国公用电视制度》，《国际新闻界》2011 年第 8 期。

[41] 李一林：《提高我国农业电视节目收视效果的传播策略》，《东北师范大学学报》2012 年第 5 期。

[42] 李振中：《全媒体环境下提升对农电视节目影响力的研究——以 CCTV-7 农业节目为例》，《传媒》2016 年第 6 期。

[43] 廖秋红：《当代传播环境中"大众传播"概念再探讨》，《新闻爱好者》2008 年第 12 期。

[44] 林恩民：《论电视新闻与娱乐节目的黄金时段之争》，《东南传播》2010 年第 10 期。

[45] 刘国强、陈姝彤：《对农传播歧视现象的解析与对策》，《当代传播》2010 年第 5 期。

[46] 刘建新：《大众传媒对农传播的缺失》，《新闻前哨》2006 年第 5 期。

[47] 刘晶晶：《公共传播视野下我国网络赋权的传播特征》，《华中师范大学研究生学报》2015 年第 2 期。

[48] 柳倩：《媒体融合背景下我国学术期刊的发展对策》，《出版广角》2015 年第 Z1 期。

[49] 刘奇：《对熊彼特创新理论的初探》，《经营管理者》2010 年第 21 期。

[50] 刘若辰：《大众传播媒介对农传播的效果和影响》，吉林大学 2007 年。

[51] 刘晓鹏：《欧洲公共广播电视的困局与出路》，《新闻大学》2005 年第 2 期。

[52] 刘燕：《试析对农政策传播的障碍因素及对策》，南昌大学硕士学位论文，2007 年。

[53] 刘燕：《试析对农政策传播失效的障碍及对策》，《魅力中国》2009 年第 6 期。

[54] 刘艳娥：《文化体制改革背景下中国传媒改革的制度安排与改革路径研究》，武汉大学博士学位论文，2013 年。

[55] 刘燕鹏、陈刚、李立贤：《我国 20 年战略机遇期的"三农"问题》，《经济

地理》2005年第6期。

[56] 陆地、高菲：《我国建立公共电视的总体思路、模式和路径》，《声屏世界》2005年第8期。

[57] 陆劲、周妍：《英美早期广播电视体制的思想源流》，《新闻爱好者》2009年第11期。

[58] 马锋：《新闻即"公共物品"——一种经济视域的分析路径》，《国际新闻界》2006年第8期。

[59] 马九杰、赵永华、孙晓明、向春晓：《关于对农电视服务供给的案例研究》，新闻传媒与社会发展论坛，《2007年中国新闻业发展现状与趋势论文集》，2007年。

[60] 潘忠党：《传媒的公共性与中国传媒改革的再起步》，《传播与社会学刊》2008年第6期。

[61] 潘忠党、吴飞：《反思与展望：中国传媒改革开放三十周年笔谈》，《传播与社会学刊》2008年第6期。

[62] 彭光芒：《大众媒介在农业科技传播中的作用》，《科技进步与对策》2002年第8期。

[63] 彭逸林、金洁：《电视民生新闻与建构和谐社会》，《当代传播》2008年第2期。

[64] 齐勇锋：《论广播电视对农节目的产品定位和提供方式》，《中国广播电视学刊》2005年第5期。

[65] 冉华：《中国传媒公共话语领域的建构》，《武汉大学学报》（人文科学版）2007年第9期。

[66] 冉华、李明：《文化体制改革背景下报业的改革发展与未来取向》，《武汉大学学报》（人文科学版）2010年第6期。

[67] 石长顺、石永军：《论新兴媒体时代的公共传播》，《现代传播》（中国传媒大学学报）2007年第4期。

[68] 石长顺、向培凤：《公共电视与公共领域的建构》，《现代传播》（中国传媒大学学报）2006年第5期。

[69] 孙立平等：《改革以来中国社会结构的变迁》，《中国社会科学》1994年第2期。

[70] 孙玮：《论都市报的公共性——以上海的都市报为例》，《新闻大学》2001年（冬季号）。

[71] 唐佳希：《传媒公共性问题研究——基于结构功能主义的分析视角》，武汉大学博士学位论文，2010年。

[72] 田涛：《农业频道的受众特点及消费能力》，《市场观察》2008年第5期。

[73] 涂宝山：《电视媒体公共性反思——电视媒体象征性权力的流动与实现公

共性的一种途径》，《东南传播》2012 年第 9 期。

[74] 庹继光、刘海贵：《主动为农民群体担当"信息公仆"——"对农传播"向"为农传播"嬗变的理论阐释》，《传媒评论》2006 年第 2 期。

[75] 万俊杰：《全媒体时代电视新闻节目发展趋势》，《青年记者》2012 年第 28 期。

[76] 王发耀：《农业宣传现状分析与对策》，《中国广播电视学刊》2006 年第 2 期。

[77] 王利涛：《从政府主导到公共性重建——中国环境新闻发展的困境与前景》，《中国地质大学学报》（社会科学版）2011 年第 5 期。

[78] 汪洁：《关于自媒体传播的公共性解读》，《新闻研究导刊》2015 年第 15 期。

[79] 王胜源：《发展传播学视野下农业科技传播的改进对策》，《新闻研究导刊》2015 年第 20 期。

[80] 王伟、赵庆博：《论全媒体打造与传统媒体数字化转型》，《新闻研究导刊》2009 年第 4 期。

[81] 王为维：《论地方电视台节目对农传播中的问题及对策——基于公共文化服务的视角》，《新闻研究导刊》2015 年第 7 期。

[82] 王晓红：《谈农业节目差异化发展策略——以 CCTV-7 农业节目为例》，《电视研究》2015 年第 1 期。

[83] 王颖：《传播效果的发生范式及其嬗变对我国当代传播学的启示》，陕西师范大学硕士学位论文，2015 年。

[84] 王自宸：《荆州电视台对农节目〈垄上行〉研究》，华中师范大学硕士学位论文，2013 年。

[85] 王子齐、吴敬才：《农业科技传播新体系及其主要模式研究》，《福建农林大学学报》（哲学社会科学版）2006 年第 6 期。

[86] 吴飞：《公共传播研究的社会价值与学术意义探析》，《南京社会科学》2012 年第 5 期。

[87] 伍峰：《基于价值创造的 3PL 企业 VMI 业务的实施策略研究》，华南理工大学硕士学位论文，2011 年。

[88] 吴刚、于文浩、戴丽兰：《基于移动云学习技术的创新创业人才培养模式及应用研究》，《远程教育杂志》2017 年第 4 期。

[89] 吴剑波：《基于第三方物流的 VMI 模式下信息流与物流集成研究》，华中科技大学博士学位论文，2010 年。

[90] 乌日吉木斯：《电视对农牧区的政策传播及影响——以内蒙古准特花村为例》，《中国广播电视学刊》2014 年第 9 期。

[91] 吴霜：《新媒体语境下对农传播的策略研究》，《东南传播》2015 年第 2 期。

［92］吴信训、倪瑜、赵伟清等：《当代农村电视收视习惯调查》，《新闻爱好者月刊》2006 年第 9 期。

［93］夏倩芳、黄月琴：《"公共领域"理论与中国传媒研究的检讨：探寻一种国家—社会关系视角下的传媒研究路径》，《新闻与传播研究》2008 年第 5 期。

［94］夏倩芳：《公共利益界定与广播电视规制——以美国为例》，《新闻与传播研究》2005 年第 1 期。

［95］谢舜、王彦雨：《走向公共治理：我国农业科技传播体系转型研究》，《江汉论坛》2011 年第 12 期。

［96］熊红军、谢小蓉：《我国农业科技传播研究综述》，《农业网络信息》2013 年第 2 期。

［97］兰波万：《央视农业频道越发重要——专访国务院发展研究中心研究员、农村经济研究部副部长徐小青》，《市场观察》2008 年第 5 期。

［98］许鑫：《传媒与公共领域研究：现状与反思》，《惠州学院学报》（社会科学版）2010 年第 2 期。

［99］薛涛：《由"对农"到"涉农"：农业电视节目新转向》，《当代传播》2015 年第 1 期。

［100］杨大勇、王祖爵、程旭兰：《二级传播理论初探》，《河南职技师院学报》2001 年第 6 期。

［101］杨兴锋：《政策解读的意义与原则》，《中国记者》2016 年第 1 期。

［102］姚兴举：《试析农业政策传播的障碍因素及对策》，《自然科学》（文摘版）2016 年第 5 期。

［103］《CCTV-7 农业节目传播影响力分析报告》，《声屏世界·广告人》2015 年第 7 期。

［104］殷俊：《自媒介与公共空间的再转型》，《国际新闻界》2008 年第 9 期。

［105］殷琦：《1978 年以来中国传媒体制改革观念演进的过程与机制——以"市场化"为中心的考察》，《新闻与传播研究》2017 年第 2 期。

［106］干冬力：《浅谈特色数据库建设的选题和意义——以"浙商特色数据库"为例》，《农业图书情报学刊》2010 年第 2 期。

［107］余明红：《运用数据库管理技术提高档案整理与保护研究》，《教育现代化》2017 年第 13 期。

［108］曾繁旭：《公民传播研究的理论路径与现实关照》，《现代传播》（中国传媒大学学报）2009 年第 3 期。

［109］张陈：《关于农业电视节目的思考》，《新闻前哨》2005 年第 4 期。

［110］张从春：《民生新闻在新农村建设中的角色》，《东南传播》2006 年第 6 期。

［111］张惠方：《提升对农电视节目传播效果的路径》，《视听纵横》2014 年第

1 期。

[112] 张金海、李小曼：《传媒公共性与公共性传媒——兼论传媒结构的合理建构》，《武汉大学学报》（人文科学版）2007 年第 6 期。

[113] 张守林：《新时期农业信息化建设的重要性》，《现代农业科技：种子与种苗刊》2005 年第 2 期。

[114] 张淑华、王佳林：《传播的共享与创新："中国传播论坛"暨"新媒体公共传播"（2016）国际研讨会综述》，《现代传播》（中国传媒大学学报）2016 年第 12 期。

[115] 张淑华：《从学术到学科：2015 年中国公共传播研究综述》，《新闻大学》2016 年第 6 期。

[116] 张筱瑛：《在新农村建设中如何增强科技新闻对农传播的效果》，《科技传播》2009 年第 9 期。

[117] 张雄、关长亮、姜新涛、杨驰、冯贺林：《基于某矿山磨矿过程专家系统的应用》，《现代矿业》2015 年第 5 期。

[118] 张志安：《从新闻传播到公共传播——关于新闻传播教育范式转型的思考》，《暨南学报》（哲学社会科学版）2016 年第 3 期。

[119] 赵月枝：《公众利益、民主与欧美广播电视的市场化》，《新闻与传播研究》1998 年第 2 期。

[120] 赵泽琨：《2013 年 CCTV-7 农业节目的创作与创新——践行"走转改"、传播正能量，承担起三农宣传的历史重任》，《中国记者》2013 年第 2 期。

[121] 郑维东：《从资源重整到价值提升：对当前电视市场竞争的一种观察》，《广告大观》（理论版）2009 年第 4 期。

[122] 郑忠平：《"三农"战略下现代新型农民培育新思路》，《继续教育研究》2017 年第 1 期。

[123] 周春霞：《论农村弱势群体的媒介话语权》，《安徽大学学报》（哲学社会科学版）2005 年第 3 期。

[124] 邹华华、刘洪：《新媒体对农传播的现状、问题与对策》，《新闻界》2007 年第 2 期。

[125] 周堇言、吴亚榕、吴东醒：《新媒体时代：农业科技传播的大变革》，《中国农村科技》2015 年第 5 期。

## 三、外文类（著作、期刊论文）

[1] Alam, M. K & Haque, M. A, Contribution of television channels in disseminating agricultural information for the agricultural development of Bangladesh：A case study. *Library Philosophy & Practice*, 2014.

[2] Alfred D. Chandler Jr. *A Nation Transformed by Information*：*How Information*

*Has Shaped the United States from Colonial Times to the Present*. OUP USA, 2006.

〔3〕 Allny and Bacom. Journalism in the Information Age. *A Guide to Computers for Reporters and Editors*, 1996 (2).

〔4〕 Ann Reisner, Gerry Walter. Journalists' views of advertiser pressures on agricultural news. *Journal of Agricultural and Environmental Ethics*, 1994.

〔5〕 Arendt. *The human condition*. The university of Chicago press , 1998.

〔6〕 Baker, E. C, *Media, Markets and Democracy*. Cambridge, Cambridge University Press, 2002.

〔7〕 Bennett, Lance W, *News, the Politics of Illusion*. New York: Longman, 1988.

〔8〕 Bimber, AJ Flanagin, C. Stohl. *Collective Action in Organizations: Interaction and Engagement in an Era of Technological Change*. Cambridge University Press, 2012.

〔9〕 Chaeles Horton Cooley, *Social Organization, Transaction Publications*. New Brunswick, New Jersey, 1983.

〔10〕 Christopher Surdak. *Data Crush: How the Information Tidal Wave Is Driving New Business Opportunities*. Amacom. 2014.

〔11〕 Das, B. Icts adoption for accessing agricultural information: evidence from indian agriculture. *Agricultural Economics Research Review*, (2014) 27 (2).

〔12〕 Don F. Faulse, Dennis C. Alexander, *Communication and social behavior: A symbolic interaction perspective*, Addison-Wesley Pub. Co., 1978.

〔13〕 D Shah. Information and Communication Technology for Agricultural Development in India: An Integrated Approach. *Indian Journal of Agricultural Economics*, 2011.

〔14〕 Gang LAN. Implications of NIE Project to Development of Newspapers about Agriculture. *Asian Agricultural Research*, 2013 (9).

〔15〕 Getnet, E, Kedir, A & Yousuf, J (2001). Challenges and prospects of ict use in agricultural marketing: the case of east hararghe zone, oromia national regional state, ethiopia. *International Journal of Production Research*, 39 (12).

〔16〕 Hart, Roderick P. *Public communication*. New York: Harper & Row, 1983.

〔17〕 Henry Jenkins . *Convergence culture: where old and new media collide*. NYU Press 2006.

〔18〕 Hossain, M. D, Jin, K. K, Lee, J. Y & Kim, K. J (2012). Impacts of cognitive media attributes and motivation on iptv adoption: Exploring the moderating effects of agricultural information. *Information Development*, 28 (4), 300−315.

〔19〕 John Blossom. *Content Nation: Surviving and Thriving as Social Media Changes Our Work, Our Lives, and Our Future*. Wiley Publishing , 2009.

〔20〕 Kursat Demiryürek & Tecer Atsan (2015). Distance education through television for farmers in developing countries: the case of turkey. *Anthropologist*, 21 (3), 374−379.

［21］Lazarsfeld, P. F., The Election is Over. *Public Opinion Quarterly*. 1944a, 8（3）.

［22］Liu Xin. Agricultural Multi functionality Evolution and Research into Issues concerning Agriculture. *Asian Agricultural Research*, 2012（12）.

［23］Lyle, J, Ward Ritchie. *The Black American and the Press*, Los Angeles, 1968.

［24］McChesney, R, *Corporate Media and the Threat to Democracy*, New York, Sevens, 1997.

［25］McChesney, R, *Rich Media Poor Democracy: Communication Politics in Dubious Times*, Chicago, University of Illinois Press, 1999.

［26］Michael Burawoy. The Critical Turn to Public Sociology. *Critical Sociology*, 2005（3）.

［27］Mingyue Yang, Baofeng Chen. A study of the Agricultural Machinery Information Dissemination scheme in China. *China Proceedings of the First International Conference on Computers and Computing Technologies in Agriculture*, 2007.

［28］Nazari, M. R & Hassan, M. S（2013）. The role of television in the enhancement of farmers'agricultural knowledge. *African Journal of Agricultural Research*,（4）, 931–936.

［29］Nick Couldry. Media, Society, World: *Social Theory and Digital Media Practice*. Polity Press, 2012.

［30］Obidike, N. A（2011）. Rural farmers'problems accessing agricultural information: A case study of nsukka local government area of enugu state, *Nigeria Library Philosophy and Practice*, 1–11.

［31］Ramli, N. S, Hassan, S, Samah, B. A, Ali, M. S, Azaharian, Z. S & Shaffril, H. A. M（2013）. Satisfaction received towards agricultural information from television programs among farmers. *Journal of Social Sciences*, 9（2）, 48–53.

［32］Ramli, N. S, Hassan, M. S, Samah, B. A, Ali, M. S. S, Shaffril, H. A. M & Azaharian, Z. S（2013）. Problems in using agricultural information from television among farmers in malaysia. *Asian Social Science*, 9（9）, 1–11.

［33］Randolph. *The Chinese agricultural economy Barker*. Westview Press, 1982.

［34］Robin Mansell. *Imagining the Internet*. Polity Press, 2012.

［35］Rogers E. M. *Diffusion of Innovations*. New York, The Free Press, 1983.

［36］Thompson, John Brookshire. *The media and modernity: a social theory of the media*. Stanford University Press, 1995.

［37］Winter, J, *Democracy's Oxywen: How Corporations Control the News*, Montreal, Black Rose. 1997.

［38］Xiaoxia Shi, Yongchang Wu. Analysis of the Poverty-Stricken Rural Areas' Demand for Rapid Dissemination of Agricultural Information—Taking Wanquan County in Hebei Province as an Example.

［39］ Yahaya, M. K & Badiru, O. I (2001). Measuring the impact on farmers of agricultural radio and television programs in southwest Nigeria. *Journal of Applied Communications*, 86, 24-36.

［40］ Zhao, Y. Communication in China: political economy, power, and onflict, Lanham, *Rowman & Littlefield*, 2008.

# 附件1 电视农业传播调查

您好！我们正在进行一项关于农业传播现状的调查，恳请您用几分钟的时间帮忙填写问卷。本问卷实行匿名制，所有数据只用于统计分析，请您放心填写，感谢您的帮助。

一、下列题目是关于您的媒介接触情况，请在相应的选项上打"√"。

1. 您家经常看电视、看报纸、上网或者听广播吗？［矩阵单选题］

| | 天天 | 经常（一周3—5天） | 偶尔（一周1—2天） | 基本不看 |
|---|---|---|---|---|
| 电视 | ○ | ○ | ○ | ○<br>勾选此项请跳转第5题 |
| 报纸 | ○ | ○ | ○ | ○ |
| 网络 | ○ | ○ | ○ | ○ |
| 广播 | ○ | ○ | ○ | ○ |

2. 如果您家看电视，什么时候看得最多？［单选题］

○上午

○中午

○下午

○晚上

3. 如果您看电视，一天大概花多少时间看？［单选题］

○3 小时以上

○1—3 小时

○1 小时以下

4. 您对哪种类型的电视节目感兴趣？［多选题］

□新闻类综合新闻消息，如：《新闻联播》；新闻谈话类节目，如：《焦点访谈》

□综艺娱乐类电视剧节目，如：《亮剑》；电影类节目，如：《人在囧途》；综艺节目，如：《快乐大本营》

□法制教育类　如：《乡村法制剧场》《今日说法》

□体育类　如：竞技比赛、《天下足球》

□农业类　如：《农广天地》《每日农经》《科技大篷车》

□科教类　如：《军事纪实》《走近科学》

□民生类　如：《金牌调解》

□其他：_____

★5. 您家基本不看电视的原因是：［多选题］（如果您看电视不需要作答此题）

□家中没有电视或没有安装有线

□没有时间看电视

□不好看

□我更喜欢其他娱乐方式（上网、闲聊、打牌）

□其他：_____

二、下列题目关注的是您对农业传播的接触情况，请在相应的选项上打"√"。

6. 您收看过 CCTV-7 农业频道（CCTV-7）吗？［单选题］

○收看过

○没收看过，您不看的原因是：

　　□收看不到

191

□不喜欢没兴趣

□不知道有这个频道

□看过一两次觉得没意思

□其他：_____

（请跳转到第 11 题）

7. 如果您收看过 CCTV-7 农业频道（CCTV-7），经常看吗？［单选题］

○经常看

　一周看 4 次以上

○偶尔看

　一周看 2—3 次

○间或看过一两次

8. 您每次收看的时长是：［单选题］

○2 小时以上

○1—2 小时

○1 小时以下

9. 您收看 CCTV-7 农业频道（CCTV-7）时，主要看农业节目还是军事节目？［单选题］

○主要看农业节目

○主要看军事节目

○都看

10. 以下 CCTV-7 的农业节目，有您固定收看的节目吗？［多选题］

○有（请在下列节目中勾选）

□《致富经》　□《美丽中国乡村行》□《聚焦三农》□《农广天地》　□《乡村大世界》□《每日农经》　□《乡村法制剧场》□《农业气象》　□《食尚大转盘》　□《乡土》　□《乡约》

○没有

★11. 您未来可能会对以下 CCTV-7 哪些农业节目感兴趣？［多选题］

□《致富经》百姓身边的致富明星故事

□《美丽中国乡村行》农民日常生活、乡村生活体验

□《聚焦三农》与农村、农业、农民相关新闻内容

□《农广天地》农业科技知识，推广农业实用技术

□《乡村大世界》大型综艺节目

□《每日农经》推荐名特产、优新农产品，得到新的消费前沿信息

□《乡村法制剧场》讲述农民身边的法制案例故事

□《食尚大转盘》农产品原产地和背后故事，融合美食与养生新元素

□《农业气象》

□《乡土》农业纪录片类节目

□《乡约》大型户外相亲交友类节目

12. 您一般在哪里了解您最关心的"三农"政策信息？［多选题］

| 电视 | ○农业频道 | ○新闻联播 | ○地方台 |
|---|---|---|---|
| 互联网 | ○电脑上网 | ○手机上网 | |
| 其他媒介 | ○报刊 | ○广播 | ○户外宣传栏 |
| 组织传播 | ○干部传达 | ○村组会议 | |
| 其他 | | | |

三、以下是关于您对农业频道的满意度调查，请您对每一个问题都作出回答，请在相应的选项上打"√"。

13. 您最关心哪些"涉农新闻"？［多选题］

□政策新动向（"惠农强农"政策）

□医疗、社保

□法律保障（农民工权益、宅基地使用等）

□教育新闻（儿童教育、农村师资）

☐民生新闻（养老、留守问题）

☐文化生活新闻（娱乐活动）

☐经济新闻（新农村建设、农业生产）

☐其他：＿＿＿＿＿

14. 您对有关农业生产、销售等市场信息感兴趣吗？［单选题］

○非常感兴趣

○比较感兴趣

○一般

○不太感兴趣

○完全不感兴趣

15. 您平时都是怎么获得农业生产、销售等市场信息的？［多选题］

☐农业频道

☐专业网站

☐报纸/广播

☐邻居或者能人

☐农科站或乡政府

☐其他：＿＿＿＿＿

16. 您希望电视提供更多农业生产、销售等市场信息吗？［单选题］

○是的，希望通过电视获得更多这方面的信息

○无所谓

17. 您一般都是怎么获得"种植技术、农机知识、新品种"等农业科技知识的？［多选题］

☐农业频道

☐专业网站

☐报纸、广播

☐农科站、乡政府告知

☐邻居/能人

□其他：＿＿＿＿＿＿＿

18. 您经常看农业科技类的节目吗？［单选题］

○经常看

　一周 4 次以上

○偶尔看

　一周 2—3 次

○看过一两次

19. 您对科学种田、科技致富感兴趣吗？［单选题］

○非常感兴趣

○比较感兴趣

○一般

○不太感兴趣

○完全不感兴趣

20. 您希望电视提供更多农业科技相关信息吗？［单选题］

○是的，希望通过电视获得更多市场信息

○无所谓

21. 您对乡村题材的电视节目，例如《乡村爱情故事》感兴趣吗？

［单选题］

○非常感兴趣

○比较感兴趣

○一般

○不太感兴趣

○完全不感兴趣

22. 您在观看农业频道节目时，可以接受一定量的广告吗？［单选题］

○可以

○一般，没感觉

○不喜欢，讨厌广告（勾选此项请跳至第 26 题）

23. 您在观看农业频道时，更愿意接受哪些广告？［多选题］

□农产品广告

□农业生产用品广告：生产工具如挖掘机、农药、饲料等

□日常生活用品广告

□食品饮料广告

□汽车广告

□地方旅游宣传片

□其他：_____

24. 如果有一个专门的农业频道，您希望看到：［多选题］

□农业政策解读（"三农"政策）

□市场信息内容（农产品推广、农业新技术）

□农业生产信息（农业新技术、新品种）

□涉农新闻（民生、权益保障、养老、留守问题）

□农村题材的综艺节目（电视剧《乡村爱情》、综艺节目《美丽中国乡村行》）

□其他：_____

25. 如果有一个专门的农业频道，您希望频道能提供哪些服务？［多选题］

□农产品销售/网络销售指导

□法律咨询/法律支援

□农业气象

□重大困难求助

□就业信息（周边城镇）

□城市三甲医院挂号服务

□其他：_____

四、下面的问题是关于您个人基本情况的调查，这些问题对于我们分析不同人群的意见非常重要，请您对每个问题都作出回答，请在相应的选

项上打"√"。

26. 您所处的年龄层是：[单选题]

○1990 年及以后出生

○1980—1989 年出生

○1970—1979 年出生

○1970 年及以前出生

27. 您目前的最高学历是：[单选题]

○小学及以下

○初中

○高中

○大学及以上

28. 您的家庭主要收入来源：[多选题]

□务农

□个体户

□外出打工

□自由职业

□政府补给

□其他：_____

29. 您的家庭每月的平均收入是：[单选题]

○1000 元以下

○1001—3000 元

○3001—5000 元

○5001 元以上


问卷到此结束，感谢您的支持与配合！

# 附件2  深度访谈提纲

您好！我们正在进行的是关于农业传播现状的访谈调查，调查的对象是农业传播的传播主体。感谢您抽出宝贵的时间，访谈时间大约 100 分钟。

## 一、收视率具体情况

1. 最受欢迎的节目？其最高收视率是多少？同时段同类型节目，是否做过比较分析？

2. 2014—2016 年的频道收视率？在所在省份电视频道中的情况是怎样的？（上星前后收视率。）

3. 是否有专业的收视率分析调查或专业调研机构？

## 二、节目内容框架

1. 政策导向的节目与受众导向节目的数量比？

2. 对于农业政策、涉农新闻、农业市场信息、农业科技、娱乐休闲等内容，更注重哪方面内容的传播？

3. 节目内容资源上是否有比例上的要求？自制节目、交换节目、购买节目的时长比例？

4. 全国性的节目与区域性节目的数量比？

5. 上星前后节目整体框架是否做过调整？做过哪些调整？

6. 是否做过针对农业地区收视习惯、喜好的调查？

## 三、投入与营收详情

1. 是否有来自政府部门的补助？金额是多少？2014—2016 年的补助力度？补助是否用于节目投入或其他项目建设？

2. 总的节目投入金额？投入最多的节目及其投入金额？是否继续保持投入或有新的投入方向？

3. 广告平均年营收是多少？2014—2016 年的营收走势？除了广告还有其他创收项目吗？占总营收的比例是多少？

4. 对节目数字化的投入主要集中于电视网的数字电视，还是互联网的 PC 端或者移动端？

## 四、其他问题（关于品牌化建设、"互联网+"的问题）

1. 频道的品牌建设上最关注的问题？（形式/内容）

2. 是否注重对品牌的维护与创新，比如调整节目编排、制播模式等。

3. 是否注重广告定位？对广告主的选择与要求。

4. 在响应"互联网+"计划上有新的动向吗？

# 后　　记

　　本书是在我的博士学位论文的基础上修缮改写形成终稿。回想当初整个论文完成的过程，真是酸甜苦辣五味俱全。思来想去，还是决定用当时的博士学位论文后记作为本书的后记更有纪念意义。以下部分就是当时的论文后记原稿，不想作什么改动了，也算对所有人的再次致谢。

　　（原博士论文后记）时间的脚步来到了2017年国庆节，我的论文也进入了最后的完善和修改冲刺阶段，博士4年，一路走来，真是万千滋味。最近几个月，为了撰写论文，几乎每天都是熬夜到凌晨两三点，很多时候写到4点也是常事。现在回想，中间那么多次想停止，那么多次想推迟答辩，曾经那么多次累得要发疯、难得想放弃、苦得想吐血，终于挺过来了，今天回头看时突然觉得还是挺值的，既没有耽误工作，也照顾了家庭，同时还把博士学位论文做出来了，一种满满的幸福感。

　　总是要感谢一些人、一些事、一些单位和经历。当然首先要感谢的是我的导师，武汉大学新闻传播学院冉华教授对我论文的悉心指导。无论是她严谨的治学态度、高超的专业理论水平，还是做事的认真负责甚至对学业的较真，都令我非常佩服。其实更让我佩服的还是冉老师的为人和蔼、谦逊和低调。4年的接触，冉老师既是我的导师、教授，更是生活中的好朋友，除了在专业上对我要求很严很高，平日生活工作中跟我也相处得很好。我有时开玩笑说，冉老师学业上是我的恩师，生活中是我的朋友，年龄上是我的姐姐。在我的博士学习阶段能遇到这么一位专业水平很高、为人处世谦和、指导论文又严格要求的导师是我博士学习的幸事。在我论文选题和研究过程中，张金海教授也给予了很多帮助，无论选题方向、研究思路，还是博士论文撰写技巧等等，都跟我谈过很多次，对整个课题的研究方向更是多次帮我把关。因此这篇论文中蕴含了张金海教授无尽心血，我的感激之情无以言表。

在我的论文初始阶段，在围绕如何确定选题等方面，新闻传播学院的强月新教授、姚曦教授、程明教授、单波教授、罗以澄教授、刘丽群教授、张琦副书记、闫岩副教授、洪杰文副教授、徐同谦副教授、帅晓琴老师、余晓莉老师、余志雄老师等新闻传播学院的老师们都给了我很多很好的意见和建议，对于最终研究方向的确定起了非常关键的作用。曾经多次一起畅聊、曾经多次深夜彻谈都是为了让我的论文少走弯路、一次成稿。当然也要感谢在武大求学期间，武大党委书记韩进、副校长周叶中、副校长舒红兵、总会计师应惟伟等众多领导的细心关怀和帮助，让我在武汉大学的博士求学时光是在快乐中度过的。

更是无法忘记在我读博士的 4 年时光中，我的夫人——北京大学教授、现在河北大学挂职副校长的李军凯对我的付出。作为北大的一名负责人，她必须顾及单位工作，作为河大副校长，她更是有无数事情需要处理，作为河北大学雄安新区工作组副组长，手头工作更是千头万绪。即便如此，夫人还是主动承担了很多家务，让我静心准备论文。可以说没有夫人的付出、没有夫人的鼓励我很难想象自己能够走过来，我难以忘记，曾经多少次当我产生放一放、回头再慢慢做的惰性时，夫人总是拿她当年在北大攻读博士时的咬牙坚持最终顺利取得博士学位的经历来鼓励我。其实还真是这种情况，我在职在中国人民大学读硕士，就是追随了夫人的脚步，夫人当年是从人大本科直接保送本校读硕的，我为了追赶夫人的脚步，也在人大拿到了硕士学位。有句话说得非常好，凡是功成名就的人毫无例外，都是不懈努力，历尽艰辛，埋头于自己的事业，才能取得成功。内心不极度渴望的东西，它就不可能轻易靠近你。想想也是，正是因为我最爱的夫人无论她的学术水平，还是教授头衔，甚至她的北大女博士的身份都给了我很大刺激和动力，我必须也要像夫人一样优秀去拿到博士学位才舒坦，这可能是我每日孜孜以求的原始动力吧。当然还有我最聪明、阳光、帅气的在全国最好中学之一的人大附中读书的儿子，也是我博士学习的原始动力，他的学校这么好，未来拿到博士学位是一定的。如果我不努力，未来全家三口只有我一人不是博士了，这个现实我肯定不愿意接受。因此现在回想曾经无数个周末时光我们都是一家三口在读书学习中度过的也很幸福，很多人都说我们是一个学习型家庭，我看也没错。感恩家庭，感恩带动并鼓励我学习的妻子和儿子。

在我的论文准备和资料收集阶段，原来在 CCTV-7 农业频道工作的很多同事也给予了我很多支持和帮助，比如我曾经的同事傅玉祥、赵泽琨、傅雪柳、季林、宋翠、高新等都帮我收集了很多原始资料，积累了大量素材，真的非常感谢他们。在我的问卷调查、模型建立、资料分析阶段，我在武大的一些学长学弟学妹们和很多朋友也给予了我大量支持，像徐立军、郭瑞、夏琳、钟娅、窦瑞晴、刘锐、戴骋、王昆、阮毅、李春玲、肖迪、胡倩倩等人以及武大的校友们，像贾丽慧、王更银、颜国宏等老乡都为我在武大的学习和研究提供了很多支持和帮助。还有陕西农林卫视总监韩涛、中国食品报社社长黄国胜等人也为我的博士学习提供了很多帮助，还有很多帮助者恕我无法一一罗列，对他们的帮助和付出一并表示衷心的感谢。

当然还要感谢撰写论文这段时间，他们带给我的精神世界的清净享受，给我留下了一生难忘的深刻记忆。记得 9 月份论文预答辩之后我在微信朋友圈发了一段话，放在这里，算作后记的一部分吧！

博士论文写作真好

对环境好

为了筹备博士论文

不开车少出门

减少了环境污染
减少了废物排放
环境越来越好了

博士论文写作真好
对身体好
不抽烟少喝酒
应酬有理由不去了
酒杯有托辞不端了
健走多了赘肉少了
身体越来越好了

博士论文写作真好
对决策好
看书多了玩手机少了
思考问题角度多元了
观察问题眼光犀利了
依托知识理性决策多了
主观臆断妄下结论少了
决策越来越好了

博士论文写作真好
对社交好
身边正能量的人多了
调皮捣蛋混社会的人少了
讲政治讲原则讲进步的人多了
树歪风带邪气走弯路的人少了

社交越来越好了

博士论文写作真好

对事业好

媒介知识越来越丰富了

涉猎知识面越来越宽了

对问题本质看得越来越透了

媒介精英人脉积累得越来越多了

固守一份媒体的时候少了

媒体融合发展合作共赢的机会多了

事业越来越好了

此时此刻，突然想到 2014 年 9 月 21 日我在武大博士生开学典礼上，受武大党委书记韩进和时任研究生院的周叶中院长邀请，作为新生代表发言所讲："我曾经多少次梦想自己漫步在浪漫的樱花树下，流连忘返在碧波荡漾的东湖岸边。畅想着自己某天也能走进武大的课堂，近距离聆听大师们的教诲。人们都说武大是学术自由的武大，开放的武大，包容的武大，给人梦想和空间的武大。今天这一切变为现实了，所以我开心，我激动，我期待！我相信今天将是我们每一位武大新生人生中永远值得铭记的时刻！"

昨日的誓言还在耳边，今日就即将离开美丽的武大了，绚烂浪漫的樱花大道我还没有走够，美丽荡漾的东湖我还没有游完，武大大师们的教诲我还没有听足——今天，今天的我却即将毕业，离开武大，开始到结束，快得似乎让我有些措手不及。此刻我想说，武大，从 2013 年开始准备考试到现在毕业，这 4 年多时光我没有虚度光阴，我永远难忘武大、永远怀念武大。武大终将成为我人生中很重要的母校之一！话到这里，我抬头看了下时间，又是凌晨 2 点了。不说了，带着对大家的感恩，带着对武大的怀念，今晚终于可以早些入睡了。

在武大经历的一切的一切，必将成为我的个人梦主角，永记一生！

是为后记。

2017 年 10 月 9 日凌晨 2 点

以上部分是我博士学位论文后记的原汁原味，今天再次读来，仍然是心潮澎湃，难以忘怀。下周我就要再赴武大参加毕业典礼，准备接受武大校领导为每一个武大应届博士毕业生的博士学位拨穗，穿上梦寐以求的红黑相间的博士学位袍、披上紫色垂布、戴上红穗的黑色博士帽，期待一生中最梦想的一刻，终要变为现实！在撰写本书的后记时，我在强烈期待着那一刻的早日到来！——2018 年 6 月 21 日武汉大学博士学位授予仪式。

亲爱的读者们，当您看到本书时，这一切的一切都已经发生，已经深深印入我的内心深处了！

当然，由于能力水平所限，虽然本人竭尽全力写好本书，但一定会有很多不足甚至错误之处，唯有恳请读者谅解。在以后的工作中，我会继续深入研究这个问题，以服务于我国"三农"事业发展。

是为后记。

李振中

2018 年 6 月 12 日 23：40

于京城家中

责任编辑:夏 青

**图书在版编目(CIP)数据**

一个记者眼中的大国农业传播/李振中 著. —北京:人民出版社,2018.8
ISBN 978-7-01-019588-9

Ⅰ.①—… Ⅱ.①李… Ⅲ.①农村-传播媒介-研究-中国 Ⅳ.①G206.2

中国版本图书馆 CIP 数据核字(2018)第 168833 号

## 一个记者眼中的大国农业传播

YIGE JIZHE YANZHONG DE DAGUO NONGYE CHUANBO

李振中 著

**人民出版社** 出版发行

(100706 北京市东城区隆福寺街 99 号)

中煤(北京)印务有限公司印刷 新华书店经销

2018 年 8 月第 1 版 2018 年 8 月北京第 1 次印刷
开本:710 毫米×1000 毫米 1/16 印张:14.25
字数:200 千字

ISBN 978-7-01-019588-9 定价:38.00 元

邮购地址 100706 北京市东城区隆福寺街 99 号
人民东方图书销售中心 电话 (010)65250042 65289539